이재명 정부
경제 성장의 조건

이재명 정부
경제 성장의 조건

초판 1쇄 인쇄 2025년 7월 25일
초판 1쇄 발행 2025년 8월 3일

지은이   최남수
발행인   전익균

이사   정정오, 윤종옥, 김기충
기획   조양제
편집   김혜선, 전민서, 백서연
디자인   페이지제로
관리   이지현, 김영진
마케팅 (주)새빛컴즈
유통   새빛북스

펴낸곳 도서출판 새빛
전화 (02) 2203-1996, (031) 427-4399 **팩스** (050) 4328-4393
출판문의 및 원고투고 이메일 svcoms@naver.com
등록번호 제215-92-61832호 **등록일자** 2010. 7. 12

값 20,000원
ISBN 979-11-94885-13-9 03320

* 도서출판 새빛은 (주)새빛컴즈, 새빛에듀넷, 새빛북스, 에이원북스, 북클래스 브랜드를 운영하고 있습니다.
* 파본은 구입처에서 교환해 드리며, 관련 법령에 따라 환불해 드립니다.
   다만, 제품 훼손 시에는 환불이 불가능합니다.

이재명 정부
경제 성장의 조건

피크 코리아,
어떻게 극복할 것인가?

최남수
지음

프롤로그

재도약하려면
질적 대전환이 필요하다

영국의 경제지 파이낸셜타임스FT는 2024년 4월에 '한국의 경제적 기적은 끝났는가?'라는 심층 진단 기사를 게재했다. FT는 이 기사에서 저출산과 성과가 부진한 자본시장 등 한국경제가 안고 있는 다양한 문제점을 짚었다. 특히 우리에게 아픈 지적은 한국경제의 혁신 부재를 언급한 대목이었다. FT는 지난 2005년부터 2022년까지의 기간에 한국의 10대 수출 품목에 새롭게 추가된 품목은 디스플레이 하나에 불과했다고 분석했다. 이는 곧 주요 기술 분야에서 우리나라의 선도적 리더십이 취약해졌음을 의미한다. 실제로 우리나라는 2012년에만 해도 정부가 선정한 120개 선도 기술 중 36개가 세계를 선도하는 기술이었지만, 2020년에 그 숫자는 불과 4개로 줄어들었다. 기술혁신이 거의 '동면 상태'에 있었다는 것을 보여주고 있다.

이창용 한국은행 총재는 지난 2월에 금융통화위원회가 끝난 뒤 열린 기자간담회에서 "2026년에 1.8% 성장이면 괜찮은 편"이라고 평가하면서 "그게 신산업도 구조조정도 없는 우리 경제의 실력"이라고 냉정한 진단을 했다. 그동안 구조조정 없이 새로운 성장 동력이 될 산업을 키우지 않고 기존 산업에만 의존해 온 것의 결과라는 얘기다. FT의 기사처럼 혁신의 부재를 한국경제의 구조적 문제점으로 지적한 언급이다.

과거에 '한강의 기적'이라는 긍정적 평가를 받아온 한국경제는 이제 '한강의 일몰' 단계에 들어선 것인가? 선뜻 '아니오'라는 대답을 할 수 없는 게 한국경제가 직면한 솔직한 현실이다. 오히려 일본과 중국 등에서 '강 건너 불구경'하듯 보아온 '피크' 현상이 우리나라에도 적용돼 '피크 코리아'가 본격화하는 것 아니냐는 우려가 증폭되고 있다. 한국경제는 이제 정점을 찍고 내리막길에 들어선 게 아니냐는 말이다.

그럴 만도 한 것이 실질 성장률이 계속 하향 추세를 그리는 가운데 우리 경제의 진정한 실력을 나타내는 잠재성장률이 하락세를 이어가면서 구조적 개혁이 없으면 0%대, 더 나아가 마이너스 성장도 불가피할 것이라는 경고의 목소리가 잇따르고 있다. 경제의 혁신 역량이 취약해진 가운데 저출산에 따른 인구 감소,

생산성 부진, 새로운 도약을 지향하는 신산업 정책의 부재 등이 한국경제의 전진을 가로막는 요인으로 작용하고 있다. 이런 상황에서 정치 사회적으로 극도의 분열과 갈등 양상이 지속되면서 경제 자체를 흔들어 놓고 있고 '경제하려는 의지'를 꺾고 있다.

설상가상雪上加霜으로 트럼프 대통령의 미국 우선주의와 극단적인 보호무역주의로 글로벌 교역 환경이 악화하면서 대외 의존도가 높은 한국경제는 내우외환內憂外患의 시련에 직면해 있다. 특히 전례 없는 미국의 '관세 폭탄' 부과는 각국의 보복과 미국의 맞대응 등으로 위기를 증폭시키면서 국제무역의 흐름을 냉각시킬 것으로 보이며 이에 따라 가뜩이나 어두운 구름이 끼어있는 세계 경제의 성장률도 더 하락할 것으로 보인다.

이런 상황에서 한국경제는 어디에서 돌파구를 찾아야 할까? 속 시원하게 일도난마一刀亂麻식의 대답이 있었으면 좋겠다. 하지만 상황은 그리 단순하지 않다. 문제가 복잡하게 얽혀있는 데다 이 문제를 지혜롭게 풀어나갈 한국 사회의 응집력과 통합력에 구멍이 뚫려있기 때문이다. 분명한 것은, 지금까지 해오던 방식으로는 한국경제의 새로운 도약을 이룰 수 없다는 사실이다. 한국경제는 그동안 노동과 자본을 집중적으로 동원해 선진국 경제를 뒤따라가는 '모방형 성장'을 해 왔다. 그 결과 실현된 것이 '눈 떠보니 선진국'이다. 우리는 이제 '추격 경제'가 더 이상 작동하지 않는 '성장 포화'의 단계에 도달했다. 자원을 양적으로 늘려 경제의 체격을 키워오던 단계는 지나간 것이다.

모든 것이 달라져야 한다. 특히 경제와 사회 전반에 질적인 대변화가 일어나야 한다. 성장의 핵심 요소인 생산성을 제고하고, '퍼스트 무버 경제'로 재도약하기 위한 미래 지향형 산업정책이 리더십을 발휘해야 한다. 극단적인 분열을 극복하고 통합을 이뤄내는 게 시급하고 불신이 만연한 사회에 신뢰의 싹을 틔워 사회적 자본을 단단하게 구축해야 한다. 적대적인 이념 대치를 청산하고 왼쪽이든 오른쪽이든 필요한 정책을 모두 써서 성장과 분배를 동시에 개선하는 실용주의의 깃발을 올려야 한다. 관료적 행정을 해온 정부는 시장을 이해하는 '기업가형 정부'로 변신해야 하고, 기업은 이익 극대화를 추구할 뿐만 아니라 국가 전체를 고려하는 '기업 시민'으로서의 자세를 가다듬어야 한다.

결국 한국경제 앞에 주어진 과제는 양적 성장에서 지속 가능한 성장으로의 질적 전환이다. 모방할 역할 모델 국가가 없는 상황으로, 스스로 개척해야 한다. 그렇기에 국가 경제의 중장기 가치를 키우는 접근이 필요하다. 돋보기가 햇빛을 한군데 모을 때 불이 붙듯 '가보지 않은 길'에서 한국경제를 새롭게 일으키는데 경제 사회적 에너지가 집중돼야 달성 가능한 일이다. 이재명 정부가 한국경제의 성장 동력을 재점화하는 실용적 리더십을 발휘하

길 기대해본다.

　이 책은 '피크 코리아' 위기에 직면해 있는 한국경제의 다양한 문제점을 진단하고 그 해결책을 모색하는 데서 출발하고 있다. 이어 글로벌 지배구조를 뒤흔들어 놓고 있는 미국과 중국 간의 패권 경쟁의 향방, 불평등 심화 등 이슈, 그리고 최근 기업 경영의 화두로 떠오른 ESG(환경, 사회, 지배구조) 등 다양한 현안을 진단해 보았다. '경제를 보는 맥점'이라는 틀로 국내외 주요 경제 이슈를 상세하게 소개해 보려고 했다. 아무쪼록 이 책이 경제를 이해하고자 하는 독자들의 시선을 좀 더 넓고 깊게 트이게 하는 역할을 했으면 하는 마음이다. 이 책은 경제 현안을 최대한 업데이트했지만 출간 이후의 상황 변화와는 일부 차이가 있을 수 있음을 밝혀둔다.

　이 책을 집필하는 데 능력과 지혜를 주신 하나님께 감사드린다. '삶의 동지'로 동행하고 있는 아내, 늘 등 두드려주시는 어머님과 장모님을 비롯한 가족에게 사랑의 마음을 전한다. 오랜 기간 출간의 동행을 해오신 도서출판 새빛의 전익균 대표님과 임직원께도 감사한 마음이다.

2025년 7월
우보愚步 최남수

차례

프롤로그 — 재도약하려면 질적 대전환이 필요하다 　　　　　　　4

I. 피크 코리아

피크 재팬, 피크 차이나, 그리고 미국	15
피크 코리아, 2050년 한국경제가 안 보인다	21
'회색 코뿔소', 제로 성장의 잿빛 전망	26
경제 성적표 가르는 생산성	32
"한국경제, 문제는 생산성이야."	35
이젠 양量에서 질質로!	41
산업정책 대전大戰의 시대	48
한국적 '산업정책 3.0'	53
진보와 보수는 '절대 경계선'인가?	58
실용적인 양손잡이 경제의 길	62
르완다와 칠레의 '과거사' 처리	67
통합 없이는 성장도 행복도 없다	72
'빨간 불' 켜진 기후 위기	76
절박한 그린 혁신이 답!	80
'실리콘 실드' 대만	85
경제가 국방의 방패	89

II. 정부와 기업의 심모원려深謀遠慮

단견短見 정책의 한계	97
국가의 장기 가치를 키워라!	101
규제 완화, 파격적 대책 필요	105
'기업가형 정부'와 '기업 시민'	108
신뢰도 낮은 한국 기업	114
'사업보국事業報國' 2.0, 지속 가능 경영	118
'보이지 않는 손'과 도덕 감정론	123
프리드먼 후예들의 배신(?)	127

III. 미·중 패권 경쟁의 진로와 대응

관세 전쟁, 미국은 '해방'될 수 있을까?	135
미·중 '갈라서기'는 어디까지?	143
'미국몽美國夢', 제조업 르네상스	151
구멍 난 미국의 혁신 경쟁력	157
10년 반도체 장기전, 미국의 노림수는?	160
탈 중국, 말과 현실 사이에서	166
국제무역의 '나이키화化'	172
공급망 '중국+1'	175
중앙은행 디지털 화폐의 진로	180
미·중 CBDC 경쟁은 어디로?	183

IV. 생각해 볼 이슈들

불평등은 왜 나쁜가?	191
대규모 '무용 계급' 현실화하나?	198
30대 임원과 100세 시대의 충돌(?)	202
50대를 위한 변명	208
중학생의 관심, '연봉'	211
'대통령' 직함 바꾸자	214

V. ESG와 경제 혁신

이재명 정부의 ESG 정책 방향은?	221
'정반합正反合 단계' 들어선 ESG	226
이해관계자자본주의 선언, 그 후 5년	233
'느릿느릿' 탄소 감축, 빛바랜 파리기후협약	238
ESG 경영, 리더십이 핵심이다!	243

에필로그 — 한국판 '픽사'는 가능할까?	248
참고문헌	251

I. 피크 코리아

한국경제의 어려움을 풀어갈 과제가 생산성이라는 해답이 주어져 있는데도 이에 대한 '큰 그림'이 제시되지 않고 적절한 대책이 추진되지 않으면 마이너스 성장으로 가는 길이 가시화할 것으로 우려된다.

피크 재팬,
피크 차이나, 그리고 미국

'피크peak'는 말 그대로 '정점'이라는 뜻이다. '피크' 다음에 나라 이름을 붙이면 그 나라 경제가 정점을 지나 내리막길에 들어섰다는 신호로 해석된다. 그동안 자주 언급된 나라는 '피크 재팬'의 일본이고 최근 들어서는 '피크 차이나'의 중국도 언론에 종종 오르내리고 있다.

지난 2020년 브래드 글로서먼은 '마지막 정점을 찍은 일본, 피크 재팬'이라는 저서를 통해 오르막길이 끝난 일본 경제에 대해 경종을 울렸다. 21세기가 시작된 이래 일본에서는 일곱 개의 중장기 성장전략이 나왔지만 모두 근본적인 진전을 이루지 못했다고 그는 진단했다.

최근 들어 일본 경제는 '피크 재팬' 논란 속에서도 호전 기미를 보이고 있다. 실질 성장률이 2024년의 0.4%에서 2025년에는 1.1%로 크게 오를 것으로 전망되고 있다. 높은 임금 인상과 정부의 감세 정책 등에 힘입어 민간 소비가 호조를 보이는 데다 설비 투자도 기업의 수익 개선 등에 따라 증가세를 나타내고 있는 데 따른 것이다.

하지만 일본 경제는 최근의 호전에도 불구하고 아직 '잃어버린 30년'의 수렁에서 빠져나왔다고 속단할 수는 없는 상태이다. 일본 경제가 그동안 고전했던 이유는 표면적으로는 부동산 거품의 붕괴와 잘못된 정책의 오류, 그리고 이에 따른 디플레이션 때문이다. 그러나 보다 근본적인 병인病因은 다른 데 있다는 지적도 있다. 노구차 유키오 히토츠바시대 명예교수는 저서 '일본이 선진국에서 탈락하는 날'에서 정보 산업 같은 '고도의 성장 견인형' 서비스산업이 발전하지 못한 것을 일본 경제 침체의 주요인으로 언급하고 있다. 새로운 산업구조 전환이 이뤄지지 않았기 때문이라는 얘기다. 디지털 시대를 선도하는 일본 기업이 그다지 많이 보이지 않는 현실을 고려하면 설득력 있는 분석이다.

낮은 생산성도 일본이 장기 침체를 겪었던 요인 중 하나이다. 1997년~2007년의 기간 동안 연평균 총요소생산성 증가율은

0.5%에 불과해 선진국 평균치인 2%에 크게 미치지 못했다. 총요소생산성은 경제 성장을 설명할 때 두 가지의 생산요소인 자본과 노동으로 설명되지 않는 나머지 부문의 생산성을 뜻하는 것으로 국가 경쟁력과 산업의 생산 효율성을 측정하는 지표이다. 일본 경제의 문제는 생산성 부진뿐만이 아니다. "막대한 재정적자를 해결하지 못하면 세계 속의 일본의 위상은 내리막길을 걸을 것"이라는 일본 경제단체인 경단련의 경고도 일본 경제의 아킬레스건이 무엇인지를 잘 보여주고 있다.

'피크 차이나'의 위기 신호가 나타나고 있는 중국은 어떤가? 중국은 코로나19 종료 이후의 리오프닝에도 불구하고 경제가 맥을 못 추고 있다. 부채에 의존해 온 부동산 시장의 성장 기조가 꺾인 데다 민간 소비도 약세를 면하지 못하고 있기 때문이다. 경제예측 기관들은 중국 경제성장률이 2024년의 4.9%에서 2025년에는 4%대 중반으로 낮아질 것으로 전망하고 있다.

지난 1989년부터 2024년까지의 기간 동안 중국의 경제성장률 최고치가 18.9%, 그리고 최저 수준이 팬데믹 기간의 −6.8%였다는 점을 고려하면 최근 중국 경제의 실적치는 성장의 열기가 식어가고 있음을 보여주고 있다. 이에 따라 중국은 단순한 경기 부진이 아니라 구조적 문제 때문에 '피크 차이나'의 한계에 직면했다는 진단이 잇따라 제기되고 있다. 캐피탈 이코노믹스는 이 때문에 아예 중국이 세계 1위 자리에는 오르지 못할 것이며 2035년에 미국 경제의 90%에 이른 후 정점을 찍고 그 이후로는 내리막길에 들어설 것으로 예상하고 있다.

중국 경제의 순항에 제동을 걸고 있는 요인은 무엇일까? 중국의 발목을 잡고 있는 걸림돌은 인구 감소와 생산성 하락, 그리고 부채 이슈이다. 먼저 중국 인구는 2022년에 61년 이래 처음으로 줄어들었으며 금세기 중반에는 생산가능인구가 25% 이상 감소할 것으로 UN은 내다보고 있다. 우리나라만큼 심각하지는 않지만, 중국도 저출산 문제로 인구 감소를 겪을 것으로 우려되고 있다. 생산성 하락도 심각하다. 2008년부터 2019년 사이의 기간 동안 총요소생산성은 연평균 1.3%씩 하락했다.

국제금융센터는 자원의존도 심화도 피크 차이나론의 배경 중 하나로 보고 있다. 중국은 셰일오일 생산으로 에너지 자급자족에 성공한 미국과 대조적으로 에너지 수입의존도가 원유 70%, 천연가스 40%에 육박해 취약성이 상당한 상태이다. 더 이코노미스트지는 사회간접자본에 대한 투자수익률이 둔화되고 지정학적 긴장으로 외국 기업들이 탈중국 러시를 이루며 이런 상황에서 미국이 핵심 기술을 규제하고 있는 게 중국 경제 약세의 주요인이라고 분석한다. 또 마이클 베클리 터프스대학교 교수 등은 저서 '중국은 어떻게 실패하는가?'에서 "중국의 상승을 가능하게 했던 초세계화 시대가 끝나고 있다"라면서 "중국은 과거에 누렸던 해외 시장, 기술, 자본 등에 접근할 기회를 잃어가고 있다"라고 말한다. 피크 차이나가 현실이 돼가고 있다는 말이다.

다음은 한국경제가 역할 모델로 삼을 수 있는 미국 경제를 살펴보자. 미국 경제는 지난 30년 동안 다른 나라에 비해 상대적으로 순항을 해왔다. 현재 1인당 국민소득은 유럽보다 30%, 일본보다 54% 많다. 강한 미국 경제의 힘은 어디에서 오고 있을까? 더 이코노미스트지는 미국 경제에 대한 심층 분석 기사에서 노동력 증가와 생산성 향상을 그 요인으로 들고 있다. 실제로 미국의 생산가능인구는 1990년 1억 2,700만 명에서 지난해에는 1억 7,500만 명으로 38%나 늘어났다. 그런대로 출산율이 괜찮은 수준을 유지하고 이민자가 꾸준히 늘어나고 있는 데 따른 것이다.

미국의 노동생산성도 같은 기간 62%나 개선돼 유럽(55%)과 일본(51%)을 앞질렀다. 정보통신산업의 혁신과 근로자들의 높은 숙련도, 대규모 연구개발 투자 등이 생산성 증가를 주도했다. 경제의 역동성, 세계 최고 수준의 금융시장, 활발한 창업과 낮은 실패 비용, 수준 높은 기업 경영도 빼놓을 수 없는 미국 경제의 장점으로 지적된다. 피크 차이나, 피크 재팬론이 나오고 있는 상황에서 유지되고 있는 미국 경제의 장점은 그래서 돋보인다.

피크 코리아,
2050년 한국경제가 안 보인다

'피크 재팬'과 '피크 차이나'. 이 말에는 일본과 중국 경제가 이미 정점에 이르렀고 내리막길만 남았다는 잿빛 전망이 담겨 있다. 문제는 '피크'란 반갑지 않은 단어가 '코리아'에도 붙기 시작했다는 데 있다. '피크 코리아'. 한국경제도 올라갈 만큼 올라왔고 이젠 하강下降의 길로 들어서는 게 아니냐는 우려이다.

그럴 만도 한 것이 한국경제의 성적표가 부진하다. 스위스 국제경영개발대학원IMD이 매년 발표하는 '국가 경쟁력 평가'에서 2025년 기준 우리나라의 순위가 2024년 대비 7단계나 하락하며 69개국 중 27위에 그쳤다. 싱가포르(1위)와 대만(6위)은 물론 중국(16위)보다도 낮은 수준이다. 기업 효율성 등이 나쁜 점수를 받은 게 주요 요인 중 하나이다.

더 걱정스러운 것은 앞으로 한국경제의 진로이다. 한국경제는 2024년 성장률이 2.0%에 그쳤다. 한 해전보다는 올라갔지만, 2021년의 4.6%, 2022년의 2.7%보다 낮은 수준이다. 더구나 성장률이 2025년에는 1.9%, 2026년에는 1.8%로 연속 1%대 성장에 머물 것으로 한국은행은 전망하고 있다. OECD(경제협력개발기구)는 2025년 한국경제의 성장률 전망치를 기존의 2.1%에서 1.5%로 대폭 하향 조정했다. 미국 트럼프 행정부의 무역장벽 확대 정책에 한국경제가 취약하다는 우려를 반영한 것이다.

OECD는 특히 한국경제가 2025년에 1%대 성장을 보인 데 이어 2030년에는 0% 성장, 그리고 2047년부터는 마이너스 성장의 늪에 빠질 수 있다고 경고하고 있다. KDI(한국개발연구원)도 생산성 개선이 없다면 2023년~2027년에 2% 수준인 잠재성장률이 2050년에는 0%까지 꺾일 수 있다고 추정하고 있다. 그동안 성장의 엔진이었던 노동력 증가, 자본 축적 그리고 기술 수준 향상 모두에 빨간불이 켜졌기 때문이다.

이런 상황이니 한국경제의 세계 위상이 좋을 수가 없다. 국내총생산GDP을 기준으로 한 경제 규모가 10위권 밖으로 밀려났다.

10위에서 13위로 세 단계나 내려앉았다. 문제는 앞으로다. 골드만 삭스가 2050년과 2075년의 세계 경제 판도를 예측한 것을 보면 한국경제가 보이지 않는다. 이 투자은행은 경제 규모 15위까지의 국가를 내다봤는데 한국은 아예 명함도 내밀지 못하고 있다. 미국, 중국, 일본, 독일, 프랑스, 인도 등 전통적 경제 강국은 랭킹의 등락은 있지만, 15위권에 한 자리를 차지하고 있다.

한국 등을 밀어내고 상위권으로 진입할 것으로 보이는 신흥강국은 인도네시아, 나이지리아, 이집트 등이다. 2075년에는 파키스탄과 필리핀도 이 대열에 합류할 것으로 전망되고 있다. 이 결과는 한 투자기관이 내놓은 것이어서 100% 적중할 것이라고 믿을 수는 없다. 하지만 적어도 '피크 코리아'의 시나리오가 실제로 가시화될 수도 있다는 점을 얘기해주고 있다는 면에서 주목할 만하다.

성장률의 회복이냐 아니면 구조적 초^{超} 저성장 기조로의 쇠락이냐의 갈림길에 선 한국경제. '피크 코리아'를 피하기 위해 어떤 노력을 해나가야 하는지에 대해 깊은 고민과 미래를 내다보는 실행이 긴요한 때이다. 이와 관련해 앞에서 언급한 중국과 일본 경제의 사례에서 우리는 교훈을 얻어야 한다. 두 나라가 공통으로 던져주고 있는 이슈는 생산성의 중요성이다. 우리 경제도 생산성은

'낙제' 수준이다. 한국경제인협회가 각국을 비교한 결과를 보면 한국의 총요소생산성은 미국 대비 61.4% 수준에 머물고 독일, 프랑스, 영국 등을 크게 밑돌고 있다. 실제로 생산성의 성장 기여도는 -4%로 그만큼 경제에 큰 부담이 되고 있다. 결국 규제 개혁과 교육 및 기술 훈련 강화, 자본과 기술 축적, 진입과 퇴출장벽 완화 등을 통해 생산성을 끌어올리는 게 긴요한 과제가 되고 있다.

중국의 경험을 통해 인구 감소의 심각성도 절감하게 된다. 우리는 중국보다 상황이 더 나쁘다. 합계출산율이 사상 최저 수준인 0.7명 선에 머물고 있다. 장기적으로 경제는 물론 국가 소멸 여부를 걱정할 지경이 됐다. 그렇기에 인구 문제 해결은 정책의 최우선 순위를 두고 전방위로 노력을 기울일 사안이 됐다. 인구가 줄어들면 나라도 경제도 미래가 없기 때문이다. 여기에다 일본 사례에서 한 가지 더 주시해 봐야 할 것은 산업구조를 빠르게 전환할 필요성이다. 한국경제는 반도체와 동행할 신성장산업을 발굴하고 기술 '퍼스트 무버'로서 입지를 다지는 민관의 공동 노력이 적극적으로 이뤄져야 한다. 또 생산성이 뒤처지는 서비스산업을 고부가가치화하는 방안이 병행돼야 한다.

한국경제의 재도약을 위해서는 지금까지 얘기해 온 경제적 변수 외에 '정신'도 중요하다. 싱가포르의 경제 개발 과정은 이를 잘 보여주고 있다. 싱가포르는 1965년 말레이시아에서 분리 독립했으며 1986년에는 주둔 영국군 철수라는 커다란 변화를 겪었다. 초대 총리 리콴유는 자서전 '일류 국가의 길'에서 강대한 민족주의 국가들 틈에 끼어 생존하는 것조차 힘들었다고 회고했다. 절박한 상황에서 싱가포르가 택한 것은 '가보지 않은 길'을 선택하는 과감성이었다.

리콴유는 말한다. "세계 다른 어느 곳에서도 유례가 없는 새로운 계획과 방법을 찾아 시도하지 않으면 안 됐다. 싱가포르는 절대로 평범해서는 안 됐다." 대표적인 예가 허허벌판에서 금융중심지로 발돋움한 것이다. 독립 당시 예상조차 불가능했던 일을 '명확하게 금지되지 않은 것은 허용한다'라는 발상의 전환으로 마침내 실현했다.

'피크 코리아'라는 말이 나올 정도로 전례 없는 어려움을 겪고 있는 한국경제는 이를 돌파해 내겠다는 과단성과 절박함이 있는가? 싱가포르가 우리에게 던지는 질문이다. 추격형 성장의 단계를 벗어나 새로운 길을 개척해 가야 하는 한국경제. 답을 찾아가야 하는 만큼 다른 나라가 보여주는 '타산지석'과 '역할 모델'에서 배워야 한다. 리콴유가 말한 것처럼 평범해서는 성공할 수 없다.

'회색 코뿔소',
제로 성장의 잿빛 전망

통상 경제 위기가 발생하면 이를 나심 탈레브가 얘기한 '검은 백조'로 보는 시각이 주류를 이룬다. 전혀 예상치 못한 '극단의 왕국'이 갑자기 현실화하는 현상을 말한다. 즉, 희귀하고 비일상적인 사건이 검은 백조처럼 느닷없이 발생해 위기를 가져온다는 얘기다.

하지만, 위기는 느닷없이 출몰하는 검은 백조가 아니라, 미셸 부커가 얘기한 '회색 코뿔소'에 가까운 경우가 더 많다. 지평선 위에서 풀을 뜯어 먹고 있는 코뿔소는 멀리 있지만, 눈에 보이는 위험이다. 단기적인 일에 몰두하다 보면 우리는 실재하는 위험 신호를 외면하기에 십상이다. 정작 코뿔소가 빠르게 돌진해 오면 이

미 때는 늦은 상황. 대표적인 게 2008년의 금융위기이다. 서브프라임에 문제가 있다는 빨간 불이 이전부터 깜박였지만 '버블 잔치'에 취한 시장은 이를 눈여겨보지 않았다. 마침내 거품은 터졌고 코뿔소에 치인 경제는 오랜 기간 신음했다.

최근 들어 한국경제의 제로 성장, 더 나아가 마이너스 성장을 우려하는 목소리가 잇따르고 있다. 잠재성장률 또는 장기 성장률에 대한 경고 신호가 점멸하고 있다.

여기에서 잠깐 잠재 GDP 또는 잠재성장률에 대해 알아보자. 잠재 GDP는 노동과 자본 등 생산요소를 완전히 고용해 달성할 수 있는 최대치의 GDP를 말한다. 물가 상승을 유발하지 않고 달성할 수 있는, 실력 그대로의 GDP라고 할 수 있다. 만약 실제 GDP가 잠재 GDP보다 작으면 경제가 실력만큼 성장하고 있지 못한 상태이므로 물가 상승을 유발하지 않고 경제를 더 성장시킬 수 있는 여지가 있게 된다. 반면, 실제 GDP가 잠재 GDP를 초과하면 경제가 실력보다 과열돼 물가 상승이 유발된다. 체력을 고려하지 않고 무리를 하면 몸에 열이 나는 등 아프게 되는 것과 유사한 경우이다. 이때는 수요를 억제하는 정책을 써서 경기의 고삐를 잡는 일이 급선무로 대두되게 된다. 한국은행은 잠재성장률을 경제 내에서 소득이 흐르는 '수도관'으로 비유하고 있다. 이 수도관이 크고 튼튼해야 그 안을 흐르는 소득의 양이 늘어나도 물가 상승 압력을 견디어 낼 수 있다는 것이다.

한국경제의 기초 체력인 잠재성장률에 심각한 균열이 생기고 있다. 문제는 정부도 정치도 기업도 단기 성과를 중시하는 지배 구조에서 벗어나지 못해 다가오고 있는 '회색 코뿔소' 문제 해결을 뒷전으로 미뤄왔다는 데 있다. 그동안 잠재성장률의 내림세는 계속됐고 이젠 제로 또는 마이너스 성장을 걱정해야 하는 지경까지 몰렸다. 경보음을 귀담아듣지 않으면 회색 코뿔소가 달려들 것이고 화들짝 놀라서 쳐다볼 때는 실기失期의 대가를 치러야 할지도 모른다.

현재 잠재 또는 장기 성장률에 대한 진단은 비관 일색이다. 한국은행은 2000년대 초반에만 해도 5%대를 유지했던 잠재성장률이 2019년~2020년에는 2.5~2.6%로 반토막 났다고 분석했다. 이주열 전 한은 총재는 재임 당시 생산가능인구 감소와 코로나 사태에 따른 고용 악화 등이 겹쳐 잠재성장률이 2% 수준으로 낮아진 것으로 추정된다고 밝혔다.

앞으로의 전망은 어떨까? 구조적 개혁 조치가 취해지지 않는다면 더 악화할 것으로 우려된다. 김세직 서울대 교수는 저서 '모방과 창조'에서 '5년 1% 하락의 법칙'를 제시하고 있다. 김 교수는 장기 성장률에 주목한다. 한 해의 장기 성장률은 앞뒤 5년에다 당해연도를 포함한 11년간의 성장률 평균치이다. 김 교수는 이 성장률이 5년마다 1% 포인트씩 떨어져 왔으며, 이 추세가 유지된다면 다음 정부에서는 제로 성장 시대에 접어들 것이라고 내다보고 있다. 이렇게 되면 2년마다 한 번씩 경제가 마이너스 성장의 늪에 빠지고, 연간 성장률이 −1% 밑으로 내려가는 실물 위기가 일어날 확률이 20%나 된다는 것이다.

금융연구원도 비슷한 맥락의 진단을 하고 있다. 1990년대에 6%대에 머물렀던 잠재성장률이 10년마다 2% 포인트씩 떨어져 2010년대에는 2%까지 내려왔다고 분석한다. 금융연구원은 자본, 노동, 생산성을 기준으로 낙관적, 중립적, 비관적 세 시나리오로 미래를 점치고 있다. 중립적 시나리오에서는 잠재성장률이 2021년부터 1%대에 진입한 후 2030년에 0%대로 하락할 것으로 전망된다. 비관적 시나리오는 상황이 더 심각하다. 2025년에 1%에 턱걸이한 후 2035년부터는 아예 마이너스 성장률을 기록한다. 생산요소가 적정 수준으로 증가하는 낙관적 길을 걸어야 그나마 현재의 2%대를 지켜낼 수 있다.

한국경제의 성장 잠재력이 허약해진 것은 고령화 등으로 생산

가능인구가 줄어들고 있는 데다 투자 부진, 생산성 정체 등의 요인이 한 데 겹쳐 발목을 잡고 있기 때문이다. 경제 성장을 결정하는 자본과 노동, 그리고 생산성에 모두 빨간 불이 들어온 상태이다. 늘 그렇듯 해법은 증상 자체에 포함돼 있다. 제로 또는 마이너스 성장으로 가는 길을 피하려면 먼저 고령자와 여성의 경제활동 참가를 확대해 노동 공급을 늘리는 게 중요하다. 특히 인적 자본 축적이 성장의 주 엔진으로 작동하는 만큼 교육개혁 등을 통해 창조형 인재를 배출하는 시스템을 갖추는 게 긴요하다고 김세직 교수는 강조한다.

투자 촉진과 생산성 제고를 위해 규제 개혁도 지속적으로 이뤄져야 한다. OECD 분석을 보면 우리나라는 회원국 중에서 상품 규제가 가장 강한 순으로 5위에 올라와 있다. 규제를 푸는 것은 그 자체만으로도 생산성에 미치는 긍정적 영향이 큰 만큼 복잡한 절차와 불명확한 승인 기준 등을 해소해 기업이 역주할 수 있는 공간을 더 넓게 열어줘야 한다. 김낙회 등 전직 경제 각료들은 '경제정책 어젠다 2020'에서 자유, 복지, 환경, 안전 등에서 앞서가는 '기준 국가'를 정하고 그 나라 수준으로 규제를 개혁하자는 제안까지 하고 있다. 아울러 양극화와 지역 격차 해소도 필요하다. 노동생산성을 올리는 방법이기 때문이다.

오랜 기간 누적돼 온 문제로 한 번 꺾인 잠재성장률을 다시 끌어올리는 것은 쉽지 않은 일이다. '회색 코뿔소' 적색등에 위기의식을 가지고 중장기적 안목으로 총체적 대응을 해야 낙관적 시나리오로 주행로를 바꿀 수 있다. 결국은 '성장 의지'를 재점화할 수 있느냐의 문제이다.

경제 성적표 가르는 생산성

지난 2017년 11월 1일 일본에서는 4차 아베 내각이 출범했다. 통화 공급 확대, 재정 투입, 성장전략 추진이라는 아베노믹스의 3개 화살이 화두가 되던 시점이었다. 이때 아베 내각은 일본 경제가 안고 있던 핵심 문제 중 하나인 저출산·고령화 현상에 대응하기 위한 전략으로 '생산성 혁명'과 '인재 만들기 혁명' 두 가지를 들고나왔다. 이를 계기로 일본 사회에서는 생산성 논란이 확산했다. 당시 일본 경제의 상황을 보면 2013년에서 2016년까지 4년 동안의 잠재성장률 수준이 1%에 불과했다.

이 기간에 자본의 성장 기여도는 0% 포인트에 그쳤고 노동은 1% 포인트, 총요소생산성은 0.8% 포인트에 머물렀다. 문제는 노동력 부족이 더 심화될 것으로 보여 일본으로서는 성장률 제고를 위한 처방이 생산성 향상이었다는 데 있다. 하지만 2016년 기준으로 일본의 시간당 노동생산성은 41.6 달러로 OECD 평균치인 47.0 달러보다 11.5%나 낮았다. 생산성을 끌어올리는 게 '발등의 불'로 떨어진 것이다.

'부자 미국, 가난한 유럽'이라는 책이 나올 정도로 미국과 유럽은 '경제 성적표'의 차이가 크다. 미국은 세계에서 가장 잘나가는 '우등생'인 반면 유럽은 '반면교사反面教師'가 되는 성장 부진 블록이다. 미국과 유로 지역은 1995년에만 해도 경제 규모가 비슷했지만 이후 30여 년간 차이가 점점 더 크게 벌어졌다. 미국 경제는 1995년의 두 배 정도 수준으로 커진 데 비해 유로 경제는 1.5배를 조금 넘는 정도에 그쳤다. 이 같은 격차는 어디에 기인한 것일까?

한국은행은 2010년~2019년 중 미국과 유로 지역의 성장세 차별화는 생산성과 노동력 차이 등에 따른 것이라고 진단한다. 이 기간에 미국의 성장률이 유로 지역보다 연평균 0.9% 포인트가 높았는데 이중 절반이 넘는 0.5% 포인트는 생산성, 그리고 0.4% 포인트는 노동 투입의 차이로 설명된다는 것이다. 결국 생산성이 미국과 유로 지역의 성장 격차를 가져온 주요인임을 알 수 있다.

생산성 측면에서 미국은 기술혁신과 고숙련 인재 유치 등으로 우위를 유지해 왔다. 반면에 유로 지역은 첨단산업에 대한 정책적 육성 노력이 상대적으로 부진한 데다, 연구개발 투자도 미흡하고 이민 인력이 저숙련자 위주여서 낮은 생산성에 벗어나지 못하고 있다.

지금까지 얘기해 온 일본의 사례, 그리고 미국과 유로 지역의 비교는 무엇을 말해주고 있는가? 바로 경제 성장의 열쇠를 쥐고 있는 변수가 생산성, 구체적으로는 총요소생산성이라는 사실이다. 총요소생산성은 노동생산성보다는 범위가 큰 개념이다. 경제 전반의 총체적 효율성을 뜻한다. 경제 성적표의 방향을 결정하는 중요한 변수이다.

"한국경제, 문제는 생산성이야."

한국의 총요소생산성은 어떤 상태에 있을까? 답은 상당히 부정적이다. 한국경제인협회의 전신인 전국경제인연합회가 내놓은 '총요소생산성 현황과 경쟁력 비교' 결과를 보면, 미국의 총요소생산성 수준을 1로 봤을 때 한국은 0.614로 큰 차이를 나타냈다. 미국을 포함해 독일, 프랑스, 영국, 일본의 평균치인 0.856에도 크게 뒤처져 있다. 국제통화기금IMF도 한국 산업 전반의 총요소생산성이 선진국 중윗값 대비 약 67%로 부진하다고 평가했다.

이처럼 낮은 수준의 생산성은 국가 경쟁력에도 좋지 않은 영향을 미치고 있다. 국제경영개발대학원IMD이 발표한 2025년 국가 경쟁력 순위에서 우리나라는 69개국 가운데 27위로 한해 전보다 7단계가 떨어졌다. 국가 경쟁력이 약화된 것은 기업효율성이 23위에서 44위로, 기반시설(인프라)이 11위에서 21위로 떨어진 탓이 크다. 기업효율성 순위가 크게 내려간 것은 생산성, 노동시장, 경영관행 등이 나쁜 평가를 받았기 때문이다.

무엇보다 총요소생산성을 구성하는 노동생산성에 '빨간 불'이 켜져 있다. 노동연구원의 분석을 보면 2022년 기준 시간당 노동생산성은 43.1 달러로 OECD 회원국 중 28위에 그쳤다. 독일(68.5달러)과 비교하면 62.9% 수준으로 격차가 37%가 넘는다.

한국경제의 총요소생산성에 문제가 생긴 데는 다양한 요인이 작용하고 있다. 총요소생산성을 구성하는 요소별로 살펴보면, 경제 자유도를 제외하고 사회적 자본, 규제 환경, 혁신성, 인적 자본 네 가지가 G5 국가 평균 수준을 크게 밑돌고 있다. 이 중 사회 구성원에 대한 신뢰 등 사회적 연대를 촉진하는 유무형의 자본을 의미하는 사회적 자본은 가장 낙제점을 받고 있는 부문이다. 2023 레가툼 번영 지수 발표 내용을 보면 한국의 사회적 자본 지수는 167개국 중 107위로 하위권을 기록했다. 사회적 갈등의 골이 깊어지면서 신뢰 기반이 취약해진 데 따른 것이다. 실제로 한국 사회 내의 갈등은 위험 수위에 놓여 있다. 갈등 수준이 OECD 국가 중 세 번째로 높다.

기업의 발목을 잡는 규제도 생산성을 좀먹고 있다. IMF는 총요소생산성이 저조한 것은 과도한 상품시장 규제 때문이라며 한국의 규제 수준은 OECD 회원국 중 여섯 번째로 강하다고 지적했다. 세부적으로 살펴보면 한국의 규제 총괄 지수는 1.71로 OECD 평균치 1.40을 크게 웃돌고 있다. 특히 진입장벽이 매우 높은 특징을 보이고 있다.

이와 함께 혁신 성과 지수와 인재 경쟁력 지수가 G5 국가를 하회하고 있는 것도 총요소생산성에 나쁜 영향을 미치고 있다. 생산성에 비상이 걸린 이유를 거시 경제적 측면에서 보면 투자 부진, 주력산업의 성장세 미흡, 생산성이 낮은 서비스 부문으로의 고용 집중, 중소기업의 낮은 경쟁력, 지지부진한 기업 구조조정, 인구 고령화 등을 들 수 있다.

여기에서 중요한 점은 총요소생산성이 성장의 열쇠를 쥐고 있는 것은 한국경제도 예외가 아니라는 점이다. 특히 향후 한국경제의 진로를 생산성이 좌우할 것이라는 경고가 잇따르고 있다. 한은은 '한국경제 80년(1970~2050) 및 미래 성장전략' 보고서에서 2010년대 이후 총요소생산성의 기여도가 줄어든 것이 성장률 하락의 주된 요인이라며 향후 30년의 경제 성장은 생산성 기여도에 의해 좌우될 것이라고 내다봤다. 생산성이 높거나 중간 수준인 시나리오를 전제해도 성장률은 2020년대의 2%대에서 2040년대에는 0.1~0.2% 선으로 하강 곡선을 그릴 것으로 보인다. 하지만 생산성이 낮은 시나리오 아래서는 2040년대 성장률이 마이너스 0.1%로 뒷걸음질을 할 것으로 예상된다. 장기적으로 플러스 성장률을 유지할 것이냐의 여부가 생산성에 달린 셈이다.

한국개발연구원KDI도 한은의 이 같은 회색빛 전망에 보조를 같이하고 있다. KDI는 총요소생산성 증가율이 2010년대의 0.7%에서 OECD 상위 25~50% 수준인 1.0%로 올라설 경우 2050년 성장률이 0.5% 내외로 전망되지만, 생산성이 개선되지 않으면 성장률이 0%로 하락해 한국경제가 '제로 성장'의 늪에 빠질 것이라고 우려를 나타냈다.

이처럼 생산성은 한국경제의 미래를 결정할 핵심 변수로 떠올라 있다. 그런데도 이를 중시하고 생산성 개선에 '올인'하는 정책적 노력과 사회적 공감대를 감지하기 어려운 게 솔직한 현실이다. 정부의 경제정책 청사진을 봐도 생산성에 관한 관심은 다른 현안에 밀려 있다. 기업과 가계 등 경제주체들에도 생산성의 중요성에 대한 공감대는 거의 형성되지 않은 모습이다.

이래서는 안 된다. 한국경제의 어려움을 풀어갈 과제가 생산성이라는 해답이 주어져 있는데도 이에 대한 '큰 그림'이 제시되지 않은 채 적절한 대책이 추진되지 않고 있는 현실은 마이너스 성장으로 가는 길을 재촉할 뿐이다. 물론 총요소생산성을 향상시키는 것은 복잡다단하다. 생산성 부진을 가져온 요인인 혁신성과 인적 자본, 규제, 사회적 자본에 그 답이 있는데 여기에는 경제적 변수뿐만 아니라 신뢰 등 비경제적 요소도 포함돼 있기 때문이다.

하지만 한국경제가 '잃어버린 미래'에 직면하지 않기 위해서는 아무리 어려워도 제기된 숙제를 해결해야 한다. 총요소생산성을 개선하는 것은 사회와 경제 전반을 혁신하는 일이다. 그러기에 정부와 기업, 정치권, 그리고 개별 경제주체들이 각자의 몫을 다해야 한다.

먼저 정부는 생산성 향상을 위한 '그랜드 플랜'을 내놓고 신성장 동력 확보와 고부가가치 산업으로의 전환, 인적 자본 확충, 규제 개혁, 중소기업과 서비스 부문의 경쟁력 강화, 공정한 신뢰 사회 구축 등에 주력해야 한다. 한 마디로 거시경제 운용을 생산성 중심으로 전환해야 한다.

기업도 산업현장에서 생산 효율을 올려 노동생산성을 개선하고 연구개발의 성과를 극대화해야 한다. 정치권도 중요한 역할을 해야 한다. 상호 적대시하는 갈등 구조를 해소하고 협치의 '텃밭'을 일궈냄으로써 신뢰 등 사회적 자본을 구축하는 일에 동참해야 한다. 개별 경제주체들도 불신 대신 신뢰, 갈등 대신 화합의 씨앗을 뿌려 사회 문화를 일신一新해 내야 한다. 신뢰가 형성되면 성장률이 높아지고 행복과 복지에 기여한다는 게 지배적인 분석이다.

지금까지 한국경제는 자본과 노동의 양적 투입을 늘린 성장에 기대왔다. 더 이상 이런 성장은 가능하지 않다. 총요소생산성을 올리는 질적 성장이 시대적 과제로 주어졌다. 이는 경제는 물론 사회 전반을 환골탈태換骨奪胎시키는 구조적 변화를 요구하고 있다. 힘을 합해 잘 대응해 낼 것인지에 따라 한국경제의 미래 궤도가 정해질 것이다.

이젠 양量에서 질質로!

물을 데우다 온도가 100℃가 되면 액체가 수증기로 바뀌기 시작한다. 어떤 분야든 적어도 1만 시간의 훈련을 해야 전문가의 반열에 들어갈 수 있다는 얘기도 있다. 양적인 축적을 통해 질적인 전환을 이루는 양질전환量質轉換에 대한 언급이다. 양질 전환은 한국 경제에도 그대로 적용되고 있을까? 경제가 발전하면서 다양한 분야에서 질적인 열매가 맺어지는 것을 자주 보게 된다. 첨단 제품으로 세계를 누비는 한국 기업들, 글로벌 대중문화 무대에서 단단하게 자리 잡은 K팝과 K무비, 태극 마크를 달고 다른 나라의 선두들과 당당하게 겨루는 스포츠 선수들. 수많은 사례가 있다.

여기에서 던져보는 질문. 사회와 경제도 양이 쌓이면 구조적으로 질도 바뀌는가? 이 질문에 대한 답을 찾아가 보자. 빛바랜 흑백사진 같은 보릿고개의 기억을 뒤로 하고 60여 년간 숨 가쁘게 달려온 한국경제. 경제의 덩치(국내총생산)는 1960년의 19억 8천만 달러에서 2024년에는 1조 8,689억 달러로 무려 944배나 커졌다. 1인당 국민총소득도 같은 기간에 440배 정도 늘어나 3만 6천 달러를 넘어섰다. 한국경제는 이제 세계 10위권 수준으로 위상이 크게 높아졌다. 우리나라는 1996년에 선진국 경제클럽인 OECD에 가입했는데 UNCTAD(유엔무역개발회의)는 2021년이 돼서야 한국이 소속된 그룹을 '개발도상국'에서 '선진국'으로 바꿨다. 선진국 인증을 받은 것이다.

지금, 이 시점에서 바라본 한국 사회와 경제의 자화상은 어떤가? 양적 도약 못지않게 선진국으로 불릴 만큼 명실상부하게 질적 제고도 이뤘는가? 자신이 있게 '그렇다'라는 답을 할 수 없는 게 현실이다. 한국은 여전히 양적 사고가 지배하는 사회다. '1인당 소득을 5만 달러로 늘리자' '경제 규모 순위를 더 올려보자'라는 식의 양적 목표가 더 눈에 띄는 분위기다. 오랜 시간을 추격·추월에 익숙해진 상태여서 그 관행적 사고에서 빠져나오지 못한 듯하다. 이미 세계 10위권인데 추월하면 얼마나 더하겠는가?

이젠 '경제와 사회도 양이 쌓이면 늘 질이 바뀌는가?'하는 질문에 대해 답을 해보자. 단도직입적으로 말하면 양을 늘린다고 해서 질적 향상이 자동으로 이뤄지지는 않는다. 질적 '소프트 파워'의 혁신을 위해서는 어떤 조건이 필요할까? 멀리 내다보고 본질을 꿰뚫어 보는 정책적 리더십과 자발적으로 형성되는 사회적 공감대가 한데 어우러져야 한다. 성숙한 사회만이 실현해 낼 수 있는 과제이다.

그렇다고 규모를 키우는 일을 소홀히 하자는 말은 아니다. 당장은 성장의 속도도 올리고 일자리도 많이 만들어 내야 하는 일이 발등의 불로 떨어져 있다. 하지만 중요한 점은 양적 성장이 한계에 부딪혀 있다는 것. 단기적으로 경기를 부추기기 위해 정부와 한국은행의 곳간을 푸는 일은 물가 불안과 국가부채 급증 등의 여건 속에서 종래와 같은 공세적 운용이 현실적으로 어렵게 됐다. 더구나 단기 경기 부양은 말 그대로 짧은 기간에 성장률의 수치를 올리는 것일 뿐 경제의 근본적 실력을 키우는 일과는 무관하다.

현재 한국경제는 실제 '내공'을 드러내는 지표인 잠재성장률이 날이 갈수록 취약해지고 있다. 1990년대만 해도 6%에 달했던 잠재성장률은 지금은 3분의 1 수준인 2% 수준으로 내려앉았다. 이대로 가면 제로 또는 마이너스대로 급강하할 것이라는 경고가 잇따르고 있다. 이 추세를 반전시키기 위해서는 고령자와 여성의 경제활동 참가를 확대하는 등의 양적 대책도 필요하다. 더 중요한 일은 교육개혁을 통해 창조적 인재를 배출하는 등 인적 투자를 크게 늘리고 규제 개혁을 통해 투자 촉진과 생산성 제고를 유도하는 것이다. 혁신 역량에 바탕을 둔 '질적 성장력力'을 키워야 한다.

특히 우리는 지금 성장의 지향점이 크게 변화하는 새로운 상황에 직면해 있다. 성장의 속도만을 올리는 관행은 기후변화 대응, 환경 보호 등의 이슈가 본격적으로 제기되면서 제동이 걸리고 있다. 미래세대가 사용할 자원을 낭비하지 않으면서 건강한 성장을 하는 지속 가능한 발전이 글로벌 화두로 제기돼 있는 상태다. 시대적 이슈로 떠오른 ESG(환경, 사회, 지배구조)나 이해관계자 자본주의도 모두 이 맥락에서 논의와 실행이 진행되고 있다.

실제로 국회미래연구원이 지난 2020년에 5,321명을 대상으로 조사한 한국인의 미래 가치관 조사 결과를 보면, 응답자 10명 중 7명(68.2%)이 '자연환경 보존이 도시 개발보다 중요하다'라고 응답한 것으로 나타났다. 성장보다 환경을 지키는 일을 우선시하고 있다. 한국행정학회의 조사도 같은 결과를 보이고 있다. 응답자 50.8%는 '자연보호와 녹지 보존을 위해 경제 개발을 늦추거나 포기해야 한다'에 동의하고 있다. 또 '소득이 적고 출세하지 못하더라도 여유로운 삶을 살고 싶다'라는 응답 비율도 45.3%에 이르고 있다. '다소 바쁘고 피곤하더라고 돈을 많이 벌고 출세하고 싶다'라는 응답자는 28.5%에 불과하다.

국회의장 직속 국가중장기아젠다위원회는 최근 '미래비전 2037'을 내놓으면서 "국민은 사회적 가치와 환경적 가치의 중시를 요구하고 있으며, 이는 기존 경제 성장과는 다른 사회적 방향을 요구하는 것"이라고 진단하고 있다. 이에 따라 삶의 질, 더불어 사는 공동체, 질적 성장, 녹색 전환 등을 추구하는 성숙사회로의 전환을 이 위원회는 대안으로 제시하고 있다. 귀담아들어야 할 얘기다.

이런 관점에서 보면 그동안 금과옥조처럼 여겨온 국내총생산 GDP이 제대로 된 성장을 반영하는 지표인지에 대해 심도 있는 검토가 필요한 시점이다. GDP는 계속 늘고 있다고 하는 데 실제 사람들의 삶은 팍팍해지고 있다거나 국민의 행복도와 거리감이 크다는 지적은 GDP가 갖는 구조적인 문제점을 드러내고 있다. 지난 2008년 사르코지 프랑스 대통령의 요청으로 구성된, 조셉 스티클리츠 컬럼비아대학교 교수 등 8인 위원회는 2010년에 'GDP는 틀렸다'라는 보고서를 출간했다. 이 보고서에서 이들은 GDP

는 생산에만 초점을 맞추다 보니, 국민의 행복을 측정하는 데 문제점을 드러냈다며, 이를 개선하기 위해서는 생산보다 가계 입장에서 소득과 소비를 측정하고 재산, 불평등, 삶의 질 등을 같이 평가해야 한다고 주장했다.

이런 논의는 최근에도 이어지고 있다. LAB 2050은 개인이 얼마나 소비했는가에 방점을 두고 지속 가능한 경제 후생과 사회경제발전을 측정하기 위해 개발된 '참성장지표GPI'를 GDP의 대안으로 제시했다. GPI는 현재 미국 메릴랜드주와 버몬트주 등에서 활용되고 있다. 이에 앞서 부탄은 1998년부터 국민의 심리적 안정, 건강, 문화적 다양성 등 9개 영역을 포괄하는 국민총행복GNH을 도입해 시행하고 있다. 한국 정부도 국민 삶의 실상을 제대로 반영하는 지표 개발에 관심을 기울여야 한다. 생산 통계인 GDP의 지속적 사용이 당분간 불가피하다면 GPI나 GNH 같은 지표를 보조지표로 써서 성장의 질적 측면과 개인의 행복도 들여다봐야 한다. 측정하지 않으면 개선할 수 없기 때문이다.

이와 관련해, 한국 사회의 민낯도 들여다볼 필요가 있다. 낙제점인 행복과 사회적 자본의 문제이다. '2022년 세계 행복보고서'를 보면, 우리나라는 59위에 그치고 있다. 대만(26위), 일본(54위)보다 낮은 순위다. 그나마 이것도 1인당 소득과 평균 수명이 양호

한 덕분이다. '어려울 때 의지할 친척이나 친구가 있는지'를 물어본 사회적 지지의 랭킹은 85위, 또 '어제 웃거나 즐거운 일이 있었는지'를 나타내는 긍정적 영향은 117위로 하위권이다. 사람들이 공통의 목적을 위해 함께 일할 수 있는 능력을 나타내는 사회적 자본은 어떤가? 사회적 자본의 핵심 요소인 신뢰수준을 보면 지인과 모르는 사람에 대한 신뢰가 각각 OECD 16개 회원국 중 10위로 낮은 순위를 보이고 있다. 경제 규모의 양과 삶의 질의 괴리가 얼마나 큰지를 분명하게 보여주고 있다.

백범 김구 선생은 '백범일지'에서 "나는 우리나라가 세계에서 가장 아름다운 나라가 되기를 원하며 가장 부강한 나라가 되기를 원하는 것은 아니다"라며 문화와 행복을 강조했다. 크기, 넓이, 높이 등 양적 기준을 중시해 온 한국 사회. 세계가 놀랄만한 성취를 이뤘지만 놓치고 잃은 것도 적지 않다. 이제 국가에서 개인 삶의 질로 눈을 돌려 양질전환의 궤도 수정을 해야 할 때이다. 영국이 국민의 외로움 문제를 다룰 고독부를 신설한 것처럼 '국민행복부'를 출범시켜 본격적으로 '아름다운 대한민국 만들기'에 나서보면 어떨까.

산업정책 대전大戰의 시대

지금 글로벌 무대에서는 정부의 귀환과 이에 따른 산업정책의 부활이 중요한 화두로 부상해있다. 2008년의 금융위기로 시장의 힘에 기반을 둔 신자유주의가 퇴조한 상황에서 코로나 사태, 미·중 패권 경쟁, 공급망 위기, 기후변화 등 여러 변수가 한꺼번에 쏟아져 나오자, 미국과 유럽연합EU 등은 공격적인 산업정책을 가동하기 시작했다. 김계환 산업연구원 선임 연구위원은 공저 '2024 한국경제 대전망'에서 글로벌 공급망 재편을 둘러싼 강대국 간 산업정책 경쟁은 세계 산업지도를 다시 그리는 '산업 군비 경쟁'이라고 해도 과언이 아니라고 평가하고 있다. 글로벌 경제의 선두권으로 치고 나가기 위한 한판 승부를 각국 정부가 주도하고 있다는 얘기다.

가장 큰 변화는 미국에서 일어났다. 최근 수십 년 동안 미국에서는 산업정책이란 말은 기피 대상이었다. 워낙 시장의 역할을 중시하는 분위기로 인해 국방 외의 다른 산업에 개입하는 데 미 정부는 소극적이었다. 그러나 중국이 국가 주도의 경제 모델로 미국과의 격차를 좁혀오고 코로나 확산 등 위기 상황이 가시화되자, 미 정부는 산업 육성을 위해 팔을 걷어붙이고 나섰다.

대표적인 사례가 바이든 행정부 기간인 2022년 중반에 발효한 인플레이션 감축법IRA과 반도체 과학법이다. IRA의 경우 모두 7,730억 달러의 예산을 기후변화 대응, 친환경 에너지산업 육성, 청정연료를 사용하는 자동차산업 지원 등에 투입하는 것을 골자로 하고 있다. 이 중 4,330억 달러는 풍력터빈과 태양광 패널, 배터리 등 에너지 생산·저장 시설의 제조 지원과 신규 및 중고 친환경 차 판매의 진작 등에 쓰이고 있다. 또 반도체 과학법은 반도체를 비롯한 핵심 미래기술 산업의 경쟁력 강화를 위해 2,800억 달러를 투자하는 것 등을 목표로 하고 있다.

바이든 행정부에서 추진된 이 같은 산업정책은 트럼프 행정부에서는 '전임자 지우기'의 일환으로 많이 축소될 가능성이 있다. 하지만 상황은 그리 단순하지 않다. IRA의 혜택을 본 지역 다수가 공화당의 영역이라는 점을 고려하면 트럼프가 IRA를 일도난마 一刀亂麻 식으로 폐지하기는 어려울 것이라는 게 지배적인 관측이다. 특히 트럼프 행정부는 친기업을 표방하고 있는 정부이다. 관세 등을 앞세워 보호무역주의로 회귀하고 있는 것도 따지고 보면 제조업 등 미국의 산업기반을 강화하기 위한 것이다. 이런 면에서 트럼프 행정부는 전임 바이든 행정부와 방향성을 다소 바꿔도 자국의 산업을 육성하고 '미국을 다시 위대하게 만들기 MAGA' 위한 산업정책에 적극 나설 것으로 보인다.

장군멍군 식으로 산업정책의 깃발을 들기는 EU도 마찬가지. EU는 녹색성장 전략이라고 할 수 있는 '그린 딜' 산업 계획을 내세우고 있다. 이 계획은 규제 간소화, 자금조달 촉진, 기술 역량 강화, 공급망 다변화 등을 통해 청정기술 산업을 육성하는 게 핵심 내용이다. 특히 탄소중립 산업법을 제정해 친환경 산업에 대한 규제를 줄이고 기술 개발을 지원함으로써 EU 역내 생산을 확대하는 것을 겨냥하고 있다. 핵심 원자재법을 만들어 제3국에 대한 공급망 의존도를 줄이면서 원자재 공급의 안정성을 확보하는 데도 초점을 맞추고 있다. EU는 이와 함께 반도체 부족을 해소하고 기술 리더십을 강화하기 위해 430억 유로 규모의 자금을 투자하는 내용의 EU 반도체법도 마련했다. 미국의 반도체 과학법에 대한 맞대응이라고 할 수 있다.

미국과 EU가 이렇듯 산업정책 강화 쪽으로 급선회한 이유 중의 하나는 앞서 언급했듯이 국가자본주의 체제를 앞세운 중국의 도전에 맞서기 위한 것이다. 사실 사회주의 체제인 중국은 산업의 육성 자체가 국가 주도로 이뤄진다. 대표적 정책이 제조 강국으로의 도약을 선언한 '중국 제조 2025'이다. 이 계획은 전 세계 제조업 강국 중 선두권 지위를 확보한다는 청사진 아래 차세대 IT 기술, 항공우주장비, 로봇, 바이오 의약 등 10대 분야에 중점을 두고 있다. 경제의 핵심 경쟁력을 좌우하는 제조업에서 선두로 치고 나가겠다는 중국의 공세는 미국과 EU의 심기를 불편하게 만들기에 충분했다. 결국 세계 3대 경제권이라고 할 수 있는 미국, 중국, EU가 '산업정책 대전大戰'을 본격화하고 있는 것이다.

그렇다면 '전가의 보도寶刀'처럼 떠오른 산업정책은 의도한 만큼의 효과를 가져올까? 실패한 적도 있지만, 성공한 경우가 더 많다는 평가이다. 산업정책이 맥을 못 춘 사례는 중국 정부가 보잉과 에어버스의 과점에 도전하기 위해 자체 상업용 항공기 제작에 나선 프로젝트이다. 이 사업은 기술적 문제와 공급망 애로에 직면해 큰 차질이 빚어졌다.

하지만 코로나 백신이 이른 시간에 미국 정부 주도로 개발된 게 산업정책이 성공한 대표적 사례이다. 미 정부는 민간 제약

사가 감당하기 힘든 재무적 리스크를 대신 떠안아줌으로써 백신 개발의 길을 열어주었다. 유럽의 항공기 제작 회사인 에어버스도 산업정책이 주효한 사례이다. 1960년대 후반 유럽은 보잉이 독점한 항공기 시장에 진출하기 위해 도전장을 내밀었는데 결과는 대성공이었다. 정부가 보조금을 지급하고 항공기 개발에 따른 자금조달 등을 도와준 데 따른 것이었다. 에어버스는 현재 보잉과 함께 항공기 시장에서 쌍두마차 역할을 하고 있다.

한국적 '산업정책 3.0'

컨설팅 기업인 맥킨지 코리아는 한국경제의 향후 진로에 대해 심층 분석한 '한국의 다음 S커브 Korea's next S-curve'라는 제목의 보고서를 펴냈다. 지난 2013년에 한국경제를 '서서히 가열되는 냄비 속 개구리'에 비유한 보고서를 발간한 이래 10년 만의 일이다. 이번 보고서의 문제의식은 심각하다. 한국경제가 지속적으로 하강할 것인가 아니면 다시 도약할 것인가의 기로에 서 있다는 게 맥킨지의 경고이다.

한국경제는 1960~1980년대에는 중화학공업 중심의 수출주도형 경제구조로 제1의 성장 S커브를, 그리고 1980~2000년대에는 첨단 제조업을 선두에 내세워 제2의 성장 S커브를 그렸다. 지금은 다음 성장곡선을 펼칠 때이지만 낮은 생산성과 '기둥 산업'의 경쟁 심화, 그리고 대기업과 중소기업 간 생산성 격차 등으로 경제에 먹구름이 끼어있다는 진단이다. 맥킨지는 한국경제가 제3의 성장 S커브에 올라타기 위해서는 개편, 전환, 구축이 필요하다고 제안한다. 여기에서 개편은 산업구조와 비즈니스 모델 개편을, 전환은 고부가가치 포트폴리오로의 전환과 원천기술 기반의 신사업 창출 등을, 그리고 구축은 규제 점검을 통한 산업혁신 기반 구축 등을 의미한다.

맥킨지의 처방은 한마디로 지금까지와는 차원이 다른 새로운 산업정책의 필요성을 역설하고 있다. 산업구조를 바꾸고 신성장 동력을 확보하고 규제 혁파를 해가는 등의 대응은 그 자체가 바로 산업정책의 틀 내에서 이뤄져야 할 일이기 때문이다.

한국경제는 산업정책이 다른 나라보다 더 친숙한 축에 들어간다. 한강의 기적을 이룬 경제성장 과정 자체가 중화학 공업 육성 정책 등을 통해 정부 주도로 진행됐기 때문이다. 경제·인문·사회연구원은 과거의 산업정책을 '1.0'과 '2.0'으로 구분하고 있다. 먼저 산업정책 1.0은 공업발전법의 틀 아래 개별 산업의 업종별 혁신에 초점을 맞춘 것으로 외환위기 이전까지 시행됐다. 이에 비해 산업정책 2.0은 외환위기 이후에 본격화했는데 특정 업종을 돕기보다는 산업발전법 체제에서 산업 발전의 기초가 되는 기술, 투자, 인력, 금융 등을 지원하는 것을 골격으로 하고 있다.

현재 한국 산업정책의 현주소는 어디에 있을까? 그동안 정부는 이런저런 산업정책을 발표해 왔다. 문재인 정부의 제조업 르네상스 비전 및 전략과 한국판 뉴딜 종합계획, 그리고 윤석열 정부의 신성장 4.0 전략과 국가 첨단산업 육성 정책, 그리고 '세계 최대·최고 반도체 메가 클러스터 조성 방안' 등이 그 예이다. 하지만 이들 정책이 산업 구조조정의 부진과 신성장 동력 부재, 그리고 기업 경쟁력 약화 같은 구조적 문제를 풀어나갈 창의적인 산업정책 3.0의 마스터플랜을 제시하는 수준이라고 보기는 어렵다.

현재 우리 경제는 저성장 기조의 고착화가 우려되는 상황에서 주력산업의 개편과 새로운 산업의 육성이 제대로 길을 찾지 못한 상황에 놓여 있다. 이를 돌파하기 위해서는 산업구조의 본질적인 전환을 가속할 신산업 정책이 긴요하다. 더구나 지금은 전 세계적으로 산업정책 경쟁이 본격적으로 벌어지고 있는 때이다. 그런 만큼 큰 시각에서 발상의 대전환을 해야 한다.

무엇보다 방향성에 대해 재점검해야 한다. 지금까지의 추격형 사고에서 벗어나 가보지 않은 길을 개척해 가는 선도자로서의 산업정책을 구사해야 한다. 이정동 서울대 교수 등이 공저한 '그랜드 퀘스트'에서 제시한 차세대 배터리, 초미세·초저전력 반도체 등 미래산업의 승부처는 정부가 정보의 우위에 설 수 없는 만큼 민간이 이를 주도하게 하되 정부는 민관 공조 체제를 통해 옆에서 이를 측면 지원하는 '넛지 전략'을 써야 한다. 그러면서도 리스크가 큰 기술 개발은 정부가 초기 연구를 수행해 그 성과를 민간기업에 공유하는 기업가형 정부의 역할도 수행해야 한다. 인터넷 등 다수의 정보통신기술이 위험을 감수한 미국 정부의 과감한 투자가 가져온 결과라는 점은 많은 시사점을 준다.

여기저기 흩어져 있는 정책 거버넌스도 손질해야 한다는 지적이다. 한국공학한림원은 '담대한 전환'에서 디지털 전환 시대의 산업정책을 이끌 새로운 법제가 필요하다며 산업발전법의 전면 개정을 주문하고 있다. 한림원은 특히 정부 조직의 불투명한 역할 분담 탓에 산업구조 개편이 추진력을 갖기 어려운 현실이라며 산업 혁신의 관점에서 산업부와 중기부, 과기정통부의 통합을 제안하고 있다. 이 정도로 획기적인 접근 방식이 필요하다는 것이다.

경제·인문·사회연구원 또한 산업별 담당 부서가 산재해 있는 문제점을 지적하며 정부 내 산업혁신정책의 협업 체계 구축을 강조하고 있다. 이를 위해서는 미국 백악관 내에 설치된 총괄 조정 기구처럼 컨트롤타워를 두거나 영국같이 정책 간 중복이 심하거나 융합이 필요한 분야에 대해서는 공동 장·차관 임명과 고위 공무원단의 겸직 등 부처 간 칸막이를 낮추기 위한 융합적 인사제도가 마련돼야 한다는 것이다.

현재 한국경제는 성장동력을 복원하고 혁신적인 '퍼스트 무버 산업'을 창출해 내야 하는 절박한 과제를 안고 있다. 맥킨지가 얘기한 것처럼 끓는 냄비 밖으로 개구리를 꺼내기 위해서는 과감한 시도와 변화가 있어야 한다. 제3의 성장 커브를 펼칠 '산업정책 3.0'의 비전을 제시하는 정부의 치열한 고민과 혜안, 그리고 과감한 실행이 필요한 시점이다.

진보와 보수는 '절대 경계선'인가?

#1. 지난 2010년 중국 국영방송인 CCTV는 기업의 탄생과 발전의 역사를 조명한 10부작 다큐멘터리 '기업의 시대'를 방송했다. 정부가 경제에 깊게 개입하는 국가자본주의 체제인 중국의 국영 TV가 '기업의 시대'라는 프로그램을 내보낸 것 자체가 이례적이었다. 내용은 더 파격적이었다. CCTV는 기업을 '인류가 얻어낸 최고의 성과'로 추켜세웠다. 이 방송은 몇 발 더 나아간다. 야금부冶金部와 방적부 등 정부 부처를 없앴더니 철강과 방직 생산량이 세계 최대가 되었다고 진단했다. "수십 개의 정부 부처가 퇴출당한 것은 중국이 사회주의시장경제 모델을 모색하는 과정에서 중요한 분기점이 되었다"라는 게 CCTV의 평가다.

신자유주의 시대의 미국도 하기 어려운 규제 개혁을, 사회주의를 한다는 중국이 단행한 사례이다. 글로벌 컨설팅기업인 가오평의 CEO 에드워드 체는 저서 '중국은 어떻게 세계를 흔들고 있는가?'에서 "시진핑은 정치적 통제는 공산당의 손에 남겨두되, 경제적 자유를 확대해야 중국의 경제발전이 지속된다고 결론을 내린 듯 보인다"라고 전한다. 규제 완화에 대한 중국 정부의 전향적 태도는 '성적표'에 그대로 반영되고 있다. 세계경제포럼WEF이 매기는 '정부 규제의 부담'(규제가 완화된 정도) 순위에서 중국은 19위로 상위권이다. (한국은 87위) 국가경쟁력 순위 28위보다 9계단이 더 높다.

#2. 서브프라임모기지 사태로 금융위기가 세계 경제를 강타했던 2008년 10월 말, 시사주간지 타임에는 '돌아온 케인스The Comeback Keynes'라는 글이 실렸다. "지금 우리는 모두 케인지언이다. 1995년 타임 커버스토리의 제목이었던 이 말이 다시 돌아와 유행하고 있다. 우리가 현재 워싱턴과 다른 나라에서 보고 있는 것은 수요 붕괴로 경제가 무너지지 않을까 하는 두려움이다. 각국 정부들은 1930년대 초반의 암울한 시기에 케인스가 제안한 처방전으로 돌아가지 않을 수 없어 보인다." 당시 작은 정부를 지향하는 공화당 출신의 미국 대통령 부시는 경제 위기에 직면해 '당의 소신'을 접고 '헬리콥터 머니'를 뿌리는 '큰 정부'의 정책 기조

로 선회했다. 시장경제를 옹호하는 본산인 시카고대학의 로버트 루카스 교수조차 "야전 참호에서는 모두가 케인지언이 되는 것 같다"라고 현실을 수용하는 발언을 했다.

우리는 선을 긋는 것을 좋아한다. 완고하게 그 선을 지키려고 한다. 하지만, 이 두 사례는 그 선을 넘어 유연하게 이쪽저쪽을 오가는 모습을 보여주고 있다. 그 '경계의 선'은 바로 진보와 보수이다. 경제를 보는 시선을 둘로 가른 그 뿌리를 찾아 거슬러 올라가 보자. 보수와 진보, 그 이원화된 관점은 18세기 말 프랑스혁명 때 탄생했다. 보수는 아일랜드 출신의 영국 정치가인 에드먼드 버크가 깃발을 들었다. 대척점인 진보 쪽에는 영국 태생의 미국 이민자인 토머스 페인이 있었다. 버크는 급진적인 프랑스혁명에 반대하고 점진적 변화를 지지했다. 페인은 "세상을 다시 시작할 수 있는 힘이 우리 안에 있다"라고 진보의 선언을 했다.

정부의 역할을 바라보는 두 사람의 시선도 판이했다. 버크는 정부의 '경제 조작'은 사회 질서에 심각한 지장을 줄 수 있다며 경제는 내버려둘 때 가장 잘 작동한다는 입장을 취했다. 페인은 '강 건너편'에 있었다. 정부는 노인과 유아, 그리고 가난한 사람들을 부양할 도덕적 의무가 있다며 복지제도를 강력하게 지지했다. 이같이 상반된 세계관은 이후 케인스와 하이에크의 분기分岐로 이어진다. 잘 알려져 있다시피 케인스는 정부의 적극적 경제 개입을, 하이에크는 시장 자율경제를 내세워 두 개의 큰 축의 경제적 사조思潮를 형성해 왔다.

이 두 이론은 현실에서는 어떻게 작동했을까? 어느 한쪽의 완승도 없었고 완패도 없었다. 한쪽이 맞는 듯하다가 다른 쪽이 우위를 점하기도 했고, 서로 섞이기도 했다. 현실이 이론에 우선했기 때문이다. 실제로 아이젠하워 대통령은 케인스주의를 채택한 최초의 공화당 대통령이라는 평가를 받고 있다. 한국 전쟁 후 경기후퇴가 시작되자, 광역 고속도로망 건설 등 정부 지출을 크게 늘렸다.

민주당 소속 클린턴은 정반대의 경우이다. 막대한 규모의 정부부채와 재정적자를 떠안은 그는 '큰 정부의 종언'을 선언하며 정부의 허리띠를 졸라맸다. 금융기관에 대한 규제도 대폭 줄였다. 클린턴은 공화당 정책을 쓴 민주당 대통령이라는 말을 들었다. 사실 트럼프도 법인세 인하 등 친시장 정책을 펴기도 했지만, 국제무역 질서를 거스르는 '관세 공격'에 나서고 기업의 인수합병에 개입하는 '큰 정부'의 모습도 서슴지 않고 있다. 이론의 차이는 선명하지만, 현실은 실용적으로 또는 필요에 따라 가변적으로 움직이고 있음을 보여주는 사례들이다.

실용적인 양손잡이 경제의 길

한국 사회에서의 진보와 보수는 정치적 대치 관계의 성격이 강하지만, 깊은 경제 철학의 차이를 가지고 있다고는 보지 않는다. 물론 양 진영은 법인세, 재벌 개혁, 노동 등 정책에서 추세적으로 차이를 보이는 게 사실이다. 하지만 신념으로 '정부 개입'과 '시장 자율'을 고수하는 경제 철학의 경계선은 그리 뚜렷하지 않다고 본다.

실제로 우리나라에 '작은 정부'가 존재한 적이 없지 않은가. 보수 정부에서 친기업, 친시장 정책을 편 적이 있긴 하지만 기본적으로 한국 정부는 권위주의적 성격이 강해 '큰 정부'를 벗어난 적이 없다. 강력한 자원 동원과 물가 통제, 기업 부동산 강제 매각

조치 등이 보수 정부에서 이뤄졌다. 정부의 역할을 키우고 친노동 정책을 펴온 진보 정부 아래서도 자본시장 개방, 법인세 인하, 한미FTA 체결 등 친시장 정책이 시행됐다. '좌'와 '우' 경제정책이 혼용돼 온 것이다.

이런 얘기를 하는 것은 진보와 보수 사이의 이분법적 마찰음이 경제 운영에 걸림돌이 되고 있어서이다. 심각한 현안에 대해 정부가 적극적으로 개입하면 우리나라에서 한 번도 제대로 시행돼 본 적이 없는 '시장 자율'의 논리를 들어 반대한다든가 아니면 대기업에 대해 규제를 푸는 방안을 얘기하면 친재벌, 반개혁으로 몰아세우는 일이 대표적 예이다. 현재 한국경제의 진로를 헤쳐가는 데는 진영논리에 매이지 않은 실용적 접근이 긴요하다.

한국경제는 코로나19 이전부터 안고 있던 구조적 문제가 여전히 미해결 상태로 남아있다. 이 책에서 반복적으로 강조되고 있지만 경제의 본질적 체력을 나타내는 잠재성장률이 2000년대 초반의 5%에서 지금은 2% 선으로 떨어진 데 이어 2020년~2060년 기간에는 평균 1.2%(OECD 전망)로 더 낮아질 것으로 보인다. 저출산 및 고령화에 따른 생산가능인구의 감소, 투자 부진, 낮은 생산성 등이 그 요인이다.

여기에다 기술 수준은 사실상 중국에 따라잡혔다. 한국과학기술기획평가원이 2022년 기술 수준을 국제 비교한 내용을 보면 미국(100)에 대비한 한국의 기술 수준이 81.5인 데 비해 중국은 82.6으로 한국을 추월했다. 2년 전인 2020년에는 두 나라가 엇비슷한 수준이었는데 이젠 중국의 기술이 한국을 앞서가기 시작한 것이다. 그 결과 미국과의 기술격차도 중국이 3.0년으로 한국의 3.2년보다 짧은 것으로 평가됐다.

표1 국가별 전체 기술 수준 및 기술격차

	한국	중국	일본	EU	미국
기술 수준(%)	81.5	82.6	86.4	94.7	100
기술격차(년)	3.2	3.0	2.2	0.9	0

- 기술 수준: 미국을 100으로 보고 다른 나라의 기술 수준을 평가
- 기술격차: 미국과의 기술격차를 기간으로 표시
자료: 한국 과학기술평가원, 2022년 기술 수준 평가

산업별로 중국이 한국을 앞서가는 분야는 우주·항공·해양, 국방, 에너지·자원, ICT·SW이다. 특히 우주·항공·해양에서 중국의 미국 대비 기술 수준은 79.4인 데 비해 우리나라는 61.6에 머물러 중국에 크게 뒤처져 있다. 또 ICT와 소프트웨어 분야에서도 중국은 한국(82.6)보다 높은 87.9의 기술 수준을 보유하고 있다.

이런 상황에서 한국경제는 양극화도 심각한 상태다. 세후 지

니계수로 측정한 소득 불평등 정도는 OECD 회원국 중 7번째로 나쁘고 노인 상대 빈곤율은 가장 높다. 성장의 체력도 키우고 양극화도 완화해야 하는 이중의 과제에 직면해 있는 게 한국경제의 현 좌표이다. 시장 대 정부, 기업 대 노동, 성장 대 분배의 경직된 이분법적 사고로는 구조적 문제의 매듭을 풀고 앞으로 나가기가 어렵게 돼 있다.

그래서 필자는 성장을 중시하는 '오른손'과 분배를 강조하는 '왼손'을 동시에 사용하고 이에 대한 사회적 공감대가 두텁게 형성된 '양손잡이 경제'를 한국경제가 지향해야 할 경제 운영의 새로운 틀로 제안한다. 실용적으로, 그리고 유연하게 진보와 보수의 정책 수단 중 필요한 것은 다 가져다 쓰자는 것이다. 이는 복지를 두텁게 해 골고루 잘 사는 사회를 실현해 가면서 과감한 규제 혁파를 통해 성장의 불을 재점화하는 노력이 동시에 진행돼야 함을 뜻한다. 또 산업현장에 평화를 가져오기 위해 노사정 대타협을 이루면서 기업을 바라보는 긍정적 시선에 대한 대타협도 같이 만들어 내야 한다.

기업을 성장의 주역으로 인정하고 마음껏 뛸 수 있게 해주는 사회적 분위기가 조성돼야 한다. 대신 기업은 성장의 열매를 근로자, 거래기업, 고객, 지역사회 등 이해관계자와 공유하는 낙수

효과를 복원하는 데 협조해야 한다. 우리가 바라봐야 할 역할 모델 중 한 곳은 북유럽이다. 북유럽은 산업정책에 있어서는 작은 정부를, 복지에 있어서는 큰 정부를 절묘하게 조화시켜 경제도 강하고 국민도 행복한 '국민의 집'을 현실로 만들어 놓았다. 헌법 제119조는 개인과 기업 경제상의 자유와 창의, 균형 있는 국민경제의 성장, 적정한 소득분배, 경제민주화 등을 한국경제가 지향해야 할 가치로 제시하고 있다. 이 조항은 보수의 '오른손'과 진보의 '왼손' 중 어느 손도 배제하고 있지 않다. 어찌 보면 '양손잡이 경제'의 실용 정신이 헌법안에 이미 담겨 있다.

르완다와 칠레의
'과거사' 처리

잘 알려진 영화 '쉰들러 리스트'. 1939년 독일이 점령한 폴란드의 한 도시가 배경이다. 독일인 사업가인 오스카 쉰들러가 강제수용소에서 참혹한 상황에 놓인 유대인들을 구하는 감동적인 실화를 담았다.

아프리카를 무대로 한 비슷한 영화가 있다. 1994년 르완다의 수도 키갈리의 상황을 다룬 '호텔 르완다'. 이 영화 또한 실화를 바탕으로 제작됐다. 당시 르완다는 양대 세력인 투치족과 후투족이 서로 총을 겨눠 많은 민간인 사상자가 나왔다. 평화협정으로 잠시 안정을 찾는 듯했지만, 다수 종족인 후투족 출신 대통령이 암살당하자, 르완다는 다시 소용돌이에 빠져든다. 분노한 후투족은 투치족에 복수의 공격을 한다. 이때 최고급 호텔인 밀 콜린스의 지배인 폴 루세사비기나는 100일 동안 호텔로 몰려든 투치족 난민 1,200여 명을 목숨을 걸고 보호한다.

6년 후인 2000년 봄 투치족 반군 조직인 르완다 애국전선[RPF]을 지휘했던 폴 카가메가 대통령으로 취임했다. RPF가 군사적 승리를 거둔 데 따른 것이다. 어떤 일이 벌어졌을까? 무차별 복수극이 벌어질 수도 있었다. 카가메는 정반대의 선택을 했다. 범죄에 대한 단죄는 최소화했다. 후투족 최고위급 인사들은 국제형사재판소에 넘겼다. 다른 한편으론 '우리는 모두 르완다인'이라는 구호를 내걸고 "인종을 따지지 않는 나라를 만들자"라고 국민에게 호소했다.

그는 인종차별을 공식적으로 철폐했다. 후투족이니 투치족이니 하는 단어를 아예 교과서에서 삭제해 버렸다. 같은 인종끼리 단체를 만드는 논의 자체를 불법화했다. 학살 범죄자들은 1만 2천여 개에 이르는 마을 법정 '가가차'에서 다뤘다. 목적은 처벌이 아니었다. 피고가 죄를 자백하고 용서를 구하면 마을공동체가 이들을 끌어안았다. 사회적 통합을 추진한 카가메의 리더십에 따라 르완다는 과거에는 서로 적이었던 후투족과 투치족이 같은 마을에서 살고 직장에서 동료로 일하는 사회로 바뀌었다. 조너선 테퍼먼은 저서 '픽스'에서 당시 르완다가 '고통스러운 화해의 길'을 선택했다고 평가하며, "위기를 돌파하려는 지도자들은 절충과 타협을 두려워해서는 안 된다"라고 강조한다.

이번에는 1970년대 초반의 칠레로 가보자. 1973년 9월 쿠데타가 일어난다. 우파 군부정권이 시작됐다. 50대 후반의 장군인 아우구스토 피노체트가 정권을 잡았다. 그는 장기 집권을 하며 반대 세력을 폭력으로 억압했다. 1976년까지 칠레 국민의 1%에 해당하는 13만 명이 체포됐다. 이들 중 수천 명이 사망하거나 행방불명됐다. 다른 국가에서 추적을 당하다가 살해된 칠레인도 수백 명에 이른다. 피노체트는 임기를 8년 연장한 후 1997년에 다시 8년을 늘리려고 국민투표에 부쳤다가 58%의 반대표가 나와 자리에서 물러났다. 정권은 좌파와 중도 정당의 연합체인 '콘세르타시온'으로 넘어갔다.

새 정부는 '진실과 화해 위원회'를 구성했다. 먼저 피노체트 정권이 저지른 범죄 행위에 대한 진상 규명과 처벌이 진행됐다. 피노체트는 살인과 금융 범죄 등 혐의로 기소돼 가택 연금 상태에 있다가 2006년 심장마비로 사망했다. 살인과 고문에 책임이 있는 수십 명이 유죄 판결을 받았다. 하지만 관용과 타협도 같이 이뤄졌다. 1990년 3월에 취임한 파트리시오 아일윈 대통령은 취임 연설에서 '모든 칠레인을 위한 칠레'를 건설하겠다는 의지를 천명했다. 경제정책은 좌파 정권임에도 불구하고 우파 정권이 시행했던 정책을 적지 않게 이어갔다. 세계적 석학인 제레드 다이아몬드 UCLA 교수는 '대변동'에서 "'모든 칠레인을 위한 칠레'라는 국가적 정체성이 없었다면 칠레는 정치적 마비 상태에서 벗어나지 못했을 것이고 남미 지역에서 가장 민주적이고 부유한 국가로 되살아나지 못했을 것"이라고 말한다.

르완다와 칠레의 사례는 '과거사'를 처리하고 국가의 앞길을 잡아갈 때, 분열과 갈등보다는 화해와 용서를 선택한 포용성을 잘 보여주고 있다. 아이러니하게도 반대의 상황이 민주주의 종주국이라고 자처해 온 미국에서 벌어져 왔다. 주인공은 트럼프 대통령. 그는 경쟁자를 적으로 여기는 혐오의 정치를 일삼고 있다.

하버드대 정치학과 교수인 스티븐 레비츠키와 대니얼 지블랫은 '어떻게 민주주의는 무너지는가?'에서 모든 성공적인 민주주의는 상호 관용 등 성문화되지 않은 비공식적 규범에 의존한다고 강조하며 트럼프가 이 규범을 지속해서 파괴했다고 비판했다. 미국 건국의 아버지로 불리는 조지 워싱턴 대통령은 트럼프의 정반대 쪽에 있다. 워싱턴은 임기 8년 동안 의회에서 보내오는 법안에 대부분 서명했다. 거부권 행사는 단 두 차례에 불과했다. 워싱턴은 "비록 내 생각과 매우 달랐지만, 입법부에 대한 존경의 차원에서 여러 법안에 서명했다"라고 말했다. 반목의 정치인 트럼프와 협치의 정치인 워싱턴이 대조를 이루고 있다.

통합 없이는 성장도 행복도 없다

우리가 자주 경험하는 현실은 이념과 정치적 입장 등의 차이로 끊임없이 갈등이 이어지는 상황이다. 여기에서 중요한 한 가지를 짚어보자. 상대를 배척하는 것은 '내가 절대적으로 옳다'는 자기 확신 탓이다. 그런데 신념이 그토록 선명할까?

미국의 대표적 진보 학자인 조지 레이코프는 '코끼리는 생각하지 마'에서 이 질문에 도전한다. 그는 '이중 개념주의'라는 상당히 공감이 가는 관점을 제시한다. 사람의 뇌에는 진보와 보수 가치가 공존하고 있고, 쟁점마다 다른 기준을 적용한다는 것이다. 머리부터 발끝까지 보수이거나 진보인 사람은 없으며, 사안마다 이 두 가치를 왔다갔다한다는 말이다. 모두가 이중성을 가졌다는 진실에 눈을 뜨게 해준다. 나를 돌아보아 상대를 몇 수 접어 줄 수 있는 공간이 생긴다.

실제로 사람이 본질적으로 이렇지 않은가? 인간의 본성을 진단하는 톨스토이의 관점은 정확하다. 그는 소설 '부활'에서 '착한 사람, 나쁜 사람, 똑똑한 사람, 어리석은 사람' 등 사람을 한 가지로 규정하는 틀이 잘못됐다고 말한다. "사람은 인간이 가질 수 있는 모든 성질의 싹을 자기 안에 품고 있다. 때로는 이런 성질을, 때로는 저런 성질을 발현하며, 여전히 같은 사람이면서도 종종 본래의 모습과 완전히 달라지기도 한다."

이렇듯 인간과 그 사조思潮가 갖는 모순과 불완전성은 우리에게 무엇을 말해주고 있는가? 나에게는 '절대 선', 그리고 상대에게는 '절대 악'의 기준을 가져다 대면 오판과 오류가 생길 수 있다는 점을 말해주고 있다. 이 대목에서 관용과 타협의 접점이 생기고, 유연하게 문제에 대처하는 실용주의의 공간이 열린다. 폴 콜리어 옥스퍼드 대학교 교수는 '자본주의의 미래'에서 깊은 분열의 시대에 이념이 제시한 답은 '난폭한 좌우 대립'이라며, 진정한 해결책은 '실용주의의 차가운 머리'라고 강조한다. 이념의 신조에 부합하느냐가 아니라 실제 효력을 발휘하느냐를 기준으로 정책을 판단하고, 좀 더 겸손한 역할을 하는 국가가 필요하다고 그는 강조한다.

특히 실용과 관용, 타협의 문화가 중요한 것은 사회적 안정을 가져올 뿐만 아니라 경제에도 좋은 영향을 미치고 국민의 행복도를 높이는 '좋은 약'이기 때문이다. 먼저 상대에 대한 인정은 '제3의 자본'으로 불리는 사회적 자본의 핵심 요소이다. 사회적 자본은 신뢰, 법 준수 등 규범, 이웃과의 친밀성 같은 네트워크로 구성되는데 이는 정치 안정 등 사회 통합을 가져와 경제의 안정성을 높이는 것으로 지적되고 있다. 실제로 1970년~2000년의 기간 중 56개 국가를 대상으로 조사한 해외의 한 연구 결과를 보면 사회 신뢰도가 높은 국가일수록 경제성장의 변동 폭이 낮은 것으로 나타났다. 경제가 들쭉날쭉하지 않고 평탄하게 운영된다는 얘기다.

국내 연구에서도 같은 결론이 나왔다. 김정훈 경기연구원 연구위원과 김기호 한국은행 연구위원은 '사회자본의 경제 안정화 효과'라는 연구 보고서에서 "한국의 경우 의회 신뢰도가 낮게 나타나는데, 이는 정치 불안으로 인한 경제 변동성의 확대라는 문제를 유발하는 요인으로 작용할 가능성이 높다"라고 경고한다. 경제 안정을 위해서 정치가 갈등을 유발하기보다는 해소하는 협치의 공간을 넓혀야 한다는 게 이들 연구진의 주문이다.

사회적 통합은 국민을 행복하게 하는 중요한 요소이기도 하다. 북유럽 사회는 항상 행복도 순위에서 세계 최상위권에 오르고 있다. '세계 행복보고서 2020'은 왜 그런지 다양한 요인을 분석했다. 그중 하나의 요인으로 꼽힌 것은 덴마크와 핀란드, 스웨덴 등 노르딕 국가가 사회적 통합 면에서 전 세계 '톱3'에 올라와 있다는 점이다. 서로 단합하는 공동체성이 '행복한 북유럽'을 실현하고 있는 것이다. 이 보고서는 "분열된 사회는 국민이 행복한 삶을 살아가기 위한 여건을 만드는 데 어려움을 겪는다"라고 지적했다. 만연한 갈등은 사회적 안정도 해치고 이로 인해 국민의 행복감도 떨어뜨린다는 얘기다.

현재 한국의 정치, 사회, 경제는 위기 상황에 직면해 있다. 경제는 '피크 코리아'가 우려될 정도로 침체 기조에서 벗어나지 못하고 있다. 정치·사회적으로는 정치적, 이념적 분열이 극심한 상태이다. 상대를 '적'으로 간주하는 정치 문화로 인해 사회적 혼란이 가속화하고 있다. 이런 상황에서 경기도 살리고 국민의 행복감도 키워주는 통합과 협치의 정치는 국민적, 시대적 요구라고 할 수 있다. 마사 누스바움이 '타인에 대한 연민'에서 들려주는 말은 그래서 더욱 무겁게 다가온다. "서로를 악으로 규정하는 한 밝은 미래에 대한 믿음을 가질 수 없고 협력과 인류애를 가능하게 할 사랑도 갖지 못한다."

'빨간 불' 켜진 기후 위기

지난 2000년 8월 28일, 세계 종교 지도자 2,000여 명이 뉴욕의 유엔 건물에 모였다. 갈등이 얽히고설킨 세계에 평화를 가져오는 방안을 논의하는 자리였다. 참석자들에게 경각심을 불러일으킨 것은 다른 주제의 연설에서였다. 주인공은 그린란드에서 온 에스키모인 앙강가크 리버스. "10년쯤 전에 마을 사람 한 명이 이상한 현상을 전해주었습니다. "빙하에서 물이 찔끔찔끔 흘러내려요." 지금은 빙하에서 시냇물이 흘러내립니다. 우리는 여기에서 평화를 얘기하고 있지만, 얼음은 녹고 있습니다." 20여 년 전의 얘기지만 기후변화가 가져온 위험 신호를 상징적으로 잘 보여주고 있다. 당시의 '빙하 시냇물'은 지금은 얼마나 거센 물줄기로 바뀌어 있을까?

팬데믹을 겪으면서 세계 각국은 '환경의 복수'가 순식간에 전례 없는 재앙으로 번질 수 있음을 절감했다. 당장 뜨거워지고 있는 지구가 '시한폭탄'이라는 데 공감이 모아졌다. 경고의 수위를 잔뜩 높인 목소리가 잇따르고 있다. 기후변화에 관한 정부 간 협의체IPCC는 보고서를 통해 지구의 평균온도가 산업화 이전보다 1.5℃ 높아지는 시기를 2021~2040년으로 내다봤다. 애초 전망보다 10년가량 앞당겨졌다. IPCC는 1750년 이래 온실가스 증가는 명백히 인류의 활동에 의한 것이라며 '문명 책임론'을 분명히 했다. 특히 앞으로 극한 기후, 폭우, 기근 등이 더 자주 그리고 더 극심하게 발생할 것이라고 경고했다. '큰일' 나기 전에 잘 대응하라는 '레드카드'를 던진 셈이다.

국제통화기금IMF은 '기후에 대한 마지막 최선의 기회'라는 보고서에서 지금 당장 행동할 것을 촉구하고 있다. 그렇지 않으면 팬데믹보다 훨씬 크고 더 오래가는 피해를 보게 될 것이라고 내다본다. IMF는 지구의 기온 상승 폭이 2℃에 이르면 전 세계 인구의 37%가 극한적 더위에 노출되고, 환경은 되돌릴 수 없을 정도로 변화할 가능성이 크다고 잿빛 전망을 하고 있다. 기후변화에 잘 대응하면 지속 가능한 발전의 시대로 들어서겠지만, 일을 그르치면 전 세계가 향후 수십 년 동안 대형 위험에 직면할 것이라는 게 IMF의 '최후통첩'이다.

기후변화에 대한 글로벌 위기의식의 확산은 한국경제 운신의 폭을 좁히고 있다. 부담스럽지만 이젠 선진국이 된 국가로서 책임을 다하는 모습을 보이지 않을 수 없는 상황이다. 이런 여건 탓에 탄소중립을 향한 발걸음도 빨라지고 있다. 국회를 통과한 탄소중립기본법에서 오는 2030년의 온실가스 감축 목표치NDC가 기존의 26.3%(2018년 대비)에서 35% 이상으로 상향 조정된 데 이어 대통령 직속 탄소중립위원회는 이를 40%로 더 높였다. 2050년 탄소중립을 달성하기 위한 중간 디딤돌을 상당히 적극적으로 설정한 것이다.

하지만 기후 변화 대응을 놓고 당위론과 현실론이 엇갈리고 있다. 지속 가능한 지구를 위해 온실가스 감축이 거스를 수 없는 대세인 만큼 주요 국가들이 실행하는 속도에 보조를 맞춰 탄소중립을 향해 갈 수밖에 없다는 게 당위론이다. 우리나라는 에너지 다소비국인 데다 탄소 감축 속도가 다른 나라보다 느리다는 지적을 받고 있다. 이런 상황에서 소극적인 태도를 보이면 국제적 비난은 물론 경제적 압박에 직면할 수 있기 때문이다.

문제는 한국경제가 채 준비가 돼 있지 않다는 데 있다. 무엇보다 온실가스 배출이 정점을 찍은 시점부터 탄소중립에 도달하는 기간이 유럽연합EU이 60년, 미국이 45년으로 비교적 넉넉한 데 비해 우리나라는 32년에 불과하다. 그만큼 시간이 촉박한 것이다. 탄소를 많이 배출하는 제조업 비중이 28% 선으로 다른 나라보다 크게 높은 점도 부담이다. 재계는 이를 감안할 때 갑작스러운 탄소 감축의 가속화가 기업의 생존과 경쟁력에 부정적인 영향을 미칠 것으로 우려하고 있다. 한국은행은 보고서를 통해 탄소 감축을 위해 탄소세가 실시되면 생산비용 상승으로 산업 생산이 위축돼 수출에 부정적 여파가 우려된다고 분석했다. 이 같은 우려와 현실론은 나름대로 고개가 끄덕여지는 면도 있다. 현실적 충격의 가능성을 부인할 수 없기 때문이다.

하지만 여기에서 컨설팅기업인 딜로이트의 진단을 귀담아들어 볼 필요가 있다. "금세기 중반까지 탄소중립을 달성하기 위해 세계 경제를 전환하는 것은 경제적 가치를 창출할 전례 없는 기회다. 탈탄소 사회에서의 새로운 기회를 파악하고 경제구조 전환이 모두에게 긍정적 영향을 발휘하게 하면 2050년까지 전 세계적으로 3억 개 이상의 일자리가 추가로 만들어질 수 있다." 탄소 감축은 부담뿐만 아니라 새로운 성장의 기회를 제공해 준다는 말이다. 기후변화 대응이 피할 수 없는 대세인 만큼 위기를 기회로 활용하는 지혜로운 전략이 필요하다.

절박한 그린 혁신이 답!

세계 각국은 대의大義가 분명한 탄소중립의 목표 시점인 2050년을 향해 움직이기 시작했다. 트럼프 행정부가 지구 기온의 상승 폭을 1.5℃ 이내로 억제하기로 한 파리기후협약에서 탈퇴하기는 했지만, 온난화에 대한 글로벌 분위기는 긴박함 그 자체이다.

세계보건기구WHO는 기후변화 및 건강에 대한 특별보고서에서 "기후변화가 많은 사람을 죽게 하고 있다"라며 온도상승 폭을 1.5℃ 이내로 억제하기 위해 ▲ 건강하고 공정한 녹색 경제회복의 실현 ▲ 재생에너지로의 포용적 전환 ▲ 자연의 보호와 회복 등 우선 추진해야 할 10가지 정책을 각국 정부에 권고했다. 특히 기온 상승에 제동을 거는 데 성공하면 매년 수백만 명의 생명을 구할 수 있다고 강조했다. 국제 유명 헬스 저널의 편집인들이 이례적으로 낸 공동 성명도 고조되는 위기의식을 잘 보여주고 있다. 이들은 각국 정부에 기후변화 해결을 위해 긴급 행동에 나서라고 재촉하면서 그렇지 않으면 세계인들의 건강에 큰 재난이 닥칠 수 있다고 경고했다.

결국 해외 상황을 보면 한국경제에 주어진 선택의 수는 그리 많지 않은 상태이다. 숨이 차오를 수 있지만, 에너지 다소비 국가의 오명에서 벗어나면서도 경쟁력을 지킬 수 있는 해법을 찾아야 하는 벅찬 과제가 우리 앞에 주어져 있다. 종래의 발상을 뛰어넘은 '그린 혁신'을 이뤄내는 정공법 이외에는 다른 길이 없어 보인다.

그 해답은 국가적 역량을 총동원해 '그린 경제'로의 전환에 온 힘을 쏟아붓는 '절박한 집중력'이다. 팬데믹에 대응한 미국 등 국가의 백신 개발 과정이 이를 모범적으로 잘 보여주었다. 팬데믹 초기만 해도 코로나 백신을 만들어 내는 데는 최소한 4년, 길면 10년 정도가 걸릴 것이라는 얘기가 나왔다. 그동안 경험에 근거한 예측이었다.

그러나 실제로 백신이 나온 것은 불과 11개월 만이었다. 이처럼 놀라운 성과는 어떻게 실현 가능했을까? 핵심적인 요인은 정부와 기업, 그리고 연구기관이 전례 없는 수준으로 '찰떡궁합'의 긴박한 공조 체제를 가동한 데 있다. 주요국 정부는 연구개발에 대규모 자금을 투입했다. 통상 30일이 걸리는 백신 후보 접종을 채 일주일도 못 돼 허가하는 등 규제의 문턱을 크게 낮춰줬다. 미리 대량 구매를 약속해 기업의 리스크도 줄였다. 한결 부담이 준 기업들은 연구 및 의료 인력들과 함께 개발 일정을 앞당기는 순발력을 보였다. 그 결과 백신의 초고속 출시라는 역사적 기록이 세워졌다.

불리한 여건에서 시간에 쫓기고 있는 만큼 한국경제의 그린 혁신도 이런 방식으로 진행돼야 한다. 최근 국제에너지기구[IEA]는 2030년까지 탄소 감축은 현재 활용 가능한 기술로 실현되겠지만, 그 이후부터 2050년까지는 첨단 배터리 등 연구개발 중인 기술이 상용화될 것이고 감축에 대한 신규 기술의 기여도는 50%를 넘어설 것으로 전망했다. 그만큼 기술 개발이 탄소중립 달성 여부를 좌우할 것임을 말해주고 있다.

이 때문에 세계적으로 청정 기술 개발에 대규모 자금이 투입되고 있다. 각국 정부의 투자 규모는 미국 1,870조 원, EU 1,320조 원, 일본 178조 원에 이르고 있다. 이와 별도로 미국 에너지부는 빌 게이츠가 만든 '에너지 혁신 벤처'와 15억 달러 규모의 투자 제휴를 발표했다. 목표는 녹색 수소와 지속 가능 항공연료 등 기술 개발을 촉진하는 것이다. 탈탄소 에너지 전환에 투입된 글로벌 투자 자금도 한 해에만 5천억 달러가 넘는 것으로 추산되고 있다. 또 지난 2013년부터 2020년 사이에 기후 기술에 대한 전 세계 벤처투자 금액은 스타트업 자금조달액보다 다섯 배나 빠르게 증가해 왔다.

결국은 돈이다. 선제적 역할은 정부의 몫이고, 탄소 저감과 대체에너지 등 미래 기술 개발에는 대규모 연구개발 투자가 필요한 만큼 정부가 이를 앞장서 주도해야 한다. 민간을 선도하는 '기업가형 정부'의 지혜와 과감한 실행력이 긴요하다. 투자에 대한 세제 혜택과 에너지 사용 절감에 대한 인센티브 지급 등을 통해 기업이 큰 부담 없이 총력전에 나설 수 있도록 지원하는 일도 필요하다.

대한상공회의소는 이와 관련해 2030년 NDC 달성을 위해 필요한 기술과 설비를 '신성장 원천기술'로 인정해 세액공제를 우대하고 금융지원을 해줄 것을 제안했다. 특히 유념해야 할 점은 기후와 환경에 관련된 조급한 규제를 절제해야 한다는 것. 산업연구원은 "혁신 기술의 확보는 미래에 가능한 일이기에 당장 과도

한 규제는 기업에 큰 타격을 입힐 수 있다"라고 경고한다. 기업의 현실적인 여력을 고려해 중장기적인 관점에서 규제 도입이나 강화가 이뤄져야 한다는 얘기다.

혁신은 절박할 때 꽃을 피워왔다. 대공황 시절인 1930년대에 전화기에서부터 나일론, 비행기에 이르는 기술적 진보가 이뤄진 게 대표적 사례이다. 물론 이런 성취는 자동으로 실현되지 않는다. 얼마만큼 절실하게 문제에 접근하고, 신기술을 만들어 낼 수 있는 민관 합심合心의 토양과 효율적인 시스템을 구축해 낼 수 있느냐가 열쇠를 쥐고 있다. 탄소중립. 피할 수 없는 길이다. 한국경제가 그린 혁신의 퍼스트 무버로 앞장서 명실상부한 '청정淸淨 산업 선진국'으로 대변신하는 선도적 잠재력을 보여주길 기대해 본다. 새롭게 도약하려면 기존의 한계를 깨뜨려야 한다는 말은 늘 진리이다.

'실리콘 실드' 대만

"고객들이 대만에 전쟁이 날까 봐, 우려하고 있는지요?" 2021년 7월 15일, 마크 리우 TSMC 회장은 한 금융분석가와의 전화 통화에서 이런 질문을 받았다. 리우 회장은 주저하지 않고 걱정할 이유가 없다고 답변했다. "전 세계가 대만의 반도체 공급망에 의존하고 있고 아무도 그걸 교란하고 싶어 하지 않기 때문"이라고 그는 부연 설명을 했다. ('칩위', 크리스 밀러 저) 리우 회장의 이 발언 뒤에는 글로벌 반도체 공급의 핵심적 역할을 하고 있는 대만을 중국이 무력 침공하지 못할 것이라는 믿음이 깔려 있다. 이른바 실리콘 실드 Silicon Shield, 반도체 방패론이다.

실제로 대만 반도체 산업의 세계적 위상은 반도체 방패론의 근거가 되고 있다. 대만 섬 서쪽에 위치한 TSMC는 세계 파운드리 시장 점유율이 2022년 4분기 기준으로 58.5%에 이르고 있다. TSMC는 물론 또 다른 파운드리 강자인 UMC를 보유하고 있는 대만은 세계 메모리 칩의 11%를 생산하고 있다. 특히 컴퓨터, 전화, 데이터센터, 전자 장비 대부분을 작동하게 하는 로직 칩의 37%를 대만 기업이 제조하고 있다.

산업의 '힘'에 바탕을 둔 반도체 방패론. 중요한 점은 이 말이 미디어나 학계가 만들어 낸 용어가 아니라 대만 정부가 대외적으로 전파하고 있는 '소신'이라는 사실이다. 실제로 차이잉원 대만 총통은 2021년 말 외교 전문지인 포린 어페어즈에 기고한 글에서 "대만의 반도체 산업은 권위주의적 정권의 공격적 행동으로부터 대만을 방어할 수 있게 하는 반도체 방패"라고 역설했다. 이 글에서 차이잉원 총통은 대만은 반도체뿐만 아니라 바이오 기술과 재생에너지 같은 분야에서 안정적인 글로벌 공급망을 창출하는 데 중요한 역할을 하고 있다며 첨단 제품의 생산 허브로서 자국自國의 역할을 강조했다.

대만 총통이 앞장서 얘기하고 있는 반도체 방패론은 따지고 보면 대만의 반도체 산업이 가지고 있는 전략적 중요성을 고려할 때 미국이 중국의 대만 침공을 방관하지 않고 적극적인 방어에 나설 것이라는 얘기나 다름없다. 미국은 이 문제에 관한 한 전략적 모호성의 태도를 보여왔다. 하지만 2022년 9월에 이례적인 일이 일어났다. 바이든 전 대통령이 중국의 공격이 있을 경우 미군은 대만을 방어할 것이라며 이 원칙을 깨뜨리는 듯한 발언을 했다. 백악관 관리들이 즉시 미국의 대만 정책에는 변화가 없다며 무마에 나섰지만, 미국 정부가 '치고 빠지기식'의 입장을 보인 것은 그만큼 깊은 고심의 흔적을 드러낸 것이라고 할 수 있다. 트럼프 행정부의 대만 정책은 어떻게 될까? 바이든 행정부보다 대만 방어에 소극적인 인상을 주지만 중국 견제를 최우선 정책 목표로 삼고 있는 트럼프가 TSMC를 보유한 대만을 포기한다는 시나리오 또한 상상할 수 없는 게 현실이다.

과연 반도체는 대만의 국가방위를 지키는 방패가 될 것인가? 의견이 엇갈리고 있다. 크리스 밀러는 반도체 방패론에 대해 "현 상황을 대단히 낙관적으로 보는 견해"라고 단언한다. 중국이 전면적 침공 없이 부분적인 항공 및 해양 봉쇄 등 다양한 선택지를 가지고 있고 이게 대만의 항전 의지도 꺾고 미국의 개입도 어렵게 하는 상황이 될 수 있다는 게 그의 주장이다.

물론 반대쪽의 견해도 만만치 않게 존재한다. 유명 저자인 이안 버루마는 프로젝트 신디케이트에 실린 기고문에서 대만은 미국이 지킬 가치가 있다고 말한다. 버루마는 두 가지의 근거를 든다. 하나는 첨단 반도체의 90% 이상을 생산하는 대만이 중국의 수중에 들어가면 미·중 패권 경쟁이 중국에 유리하게 기울 것이라는 점이다. 다른 하나는 중국이 대만을 점령하면 한국과 일본이 미국의 방위 약속에 대한 신뢰를 잃어 핵무장에 나서려고 할 것이라는 점이다. 반도체 전문가인 권석준 성균관대 교수도 '방패론자'이다. 그는 저서 '반도체 삼국지'에서 "중국 정부가 만에 하나 미친 짓을 한다면 그것은 대만에 대한 강제 무력 합병과 이후 TSMC에 대한 국유기업화가 될 것"이라며 미국이 이를 좌시하고 있지는 않을 것이라고 내다본다.

이 중 어떤 주장이 맞을지는 지금으로선 아무도 알 수가 없다. 그만큼 사안이 복잡하기 때문이다. 다만 반도체 방패론이 말해주는 중요한 가치는 한 산업이 국가안보의 핵심 변수로 부상했다는 점이다.

경제가 국방의 방패

대만의 '실리콘 실드'론은 한반도에 어떤 시사점을 던져줄까? 주지하다시피 북한은 핵 위협의 수위를 계속 올려오고 있다. 미사일의 비행 거리를 늘려 미국 본토를 사정권에 넣으려 하고 있다. 미국에 샌프란시스코나 로스앤젤레스 같은 도시가 공격받을 수 있다는 압박을 가해 유사시 한국을 지원하지 못하게 하려는 의도를 가진 것으로 분석된다. 안보 불안이 고조되자 미국 전술핵의 재배치 주장이나 자체 핵무장론이 나올 정도가 됐다. 2023년 4월 말에 열린 한미 정상회담에서는 한미 핵협의그룹[NCG] 창설을 통해 한국이 북한의 핵 공격에 대비한 전략 수립에 참여하는 것 등을 골자로 한 워싱턴 선언을 채택했다. 미국의 확장 억제 약속에 대한 신뢰를 제고하려는 조치였다.

북한의 핵 공세에 대해서는 '강 대 강'의 대응조치가 필요하다. 하지만 여기에서 대만처럼 우리나라에서도 반도체 방패론이 유효할지 짚어볼 필요가 있다. 결론부터 미리 얘기하면 '그렇다'이다. 삼성전자와 SK하이닉스를 합하면 메모리반도체 시장 점유율이 70%가 넘는 데다 전체 반도체 시장의 25%를 한국 기업들이 차지하고 있기 때문이다. 더구나 선폭 7nm 이하 첨단공정의 양산이 가능한 두 개 기업 중 하나가 삼성전자(다른 하나는 TSMC)이다. 메모리 제조의 글로벌 허브인 한국의 안보는 세계 경제의 안보와 직결된다고 할 수 있다.

임형규 전 삼성전자 사장은 저서 '히든 히어로스'에서 "한국의 지배력이 압도적인 메모리반도체 역시 먹거리 문제를 뛰어넘어 국가의 안보적 가치를 지닌 산업"이라며 "'대체 불가능한 필수재'인 한국의 메모리반도체 없이는 전 세계 4차 산업혁명도 진전되기 힘들다"라고 강조한다. 좀 더 직설적으로 얘기하면 최상위 반도체 기업 두 개를 보유한 한국은 미국의 세계 전략상 반드시 방어해야 하는 자유세계의 소중한 자산인 것이다.

중요한 점은 한국이 갖는 전략적 가치가 반도체에 그치지 않는다는 점이다. 그 가치는 바로 세계 경제에서 갖는 한국의 중차대한 위상에 있다. 경제 규모(국내총생산 GDP) 면에서 우리나라는 세계 13위에 랭크돼 있다. 무역 규모는 세계 8위이다. 세계경제포럼 WEF이 내놓는 국제경쟁력 평가에서도 13위로 상위권에 올라와 있다. 또 유에스 앤드 월드 리포트가 발표한 '2022 세계에서 가장 강력한 국가'에서 우리나라는 미국, 중국, 러시아, 독일, 영국에 이어 6위를 기록했다. 프랑스, 일본, 캐나다 등 다른 선진국보다도 높은 순위이다.

이뿐만이 아니다. 첨단산업도 글로벌 주요 공급자로서의 위치를 단단하게 확보해 놓은 상태다. 예컨대 세계 OLED(유기발광다이오드) 시장 점유율이 2022년을 기준으로 대형 97%, 중소형 71%로 부동의 1위이다. 아직 시장이 본격적으로 열리지는 않았지만, 수소차 시장에서도 1위를 달리고 있다. 이와 함께 전기차용 배터리(점유율 23.7%)와 이미지센서(29%)도 세계 2위를 유지하고 있다. 'G8 가입론'의 근거가 되는 국력의 좌표를 보여주는 사례들이다.

이 같은 사실은 북한의 핵 위협으로 흔들릴 수 없는 자유 진영에서 한국의 강고한 위치를 말해주고 있다. 미국 백악관은 2022년 10월에 발표한 '국가안보 전략'에서 향후 10년을 미국 리더십의 결정적 시기로 진단했다. 이 문건에서 미국은 민주주의와 권위주의의 대치 국면에서 동맹은 가장 중요한 전략 자산이라며 국익을 위해 군사력 사용을 주저하지 않을 것임을 분명히 했다.

이런 관점에서 봤을 때 지정학적 위치뿐만 아니라 경제와 산업에서도 전략적 중요도가 큰 동맹국인 한국이 미국이 방어해야 할 대표적인 국가 중 하나임은 부인할 수 없다.

1950년 1월. 당시 미 국무장관이던 딘 애치슨은 한국이 미국의 방어선 밖에 있다고 공개적으로 발표했다. 이로부터 다섯 달이 지난 6월 북한은 남침했고, 미국은 마침내 애치슨 라인 바깥의 국가를 방어하기 위해 전쟁에 개입했다. 공산주의 저지에 실패하면 다른 지역에서 미국이 쌓아온 신뢰가 무너져 내릴 것을 우려했기 때문이다. 훗날 애치슨은 "한국이 우리를 구했다"라고 회고했다. 미국은 한국 전쟁을 계기로 공산권에 대응해 선제적 군사 투자를 할 수 있었다. 이로부터 70여 년이 흐른 지금 한반도의 남쪽은 미국의 '신新애치슨 라인' 안쪽에 위치하고 있다. 미국 입장에서, 한국은 걸려있는 포괄적 이해가 너무 큰 지역이다.

물론 북한의 위협에 대응해 미국의 핵 확장 억제를 확고하게 다지면서 자체 군사력을 키우는 노력을 게을리해서는 안 된다. 하지만 한국은 반도체는 물론 경제 자체가 방패인 나라라는 점에 주목해야 한다. 국방과 경제, 그리고 산업이 서로 떼려야 뗄 수 없을 정도로 함께 맞물려 있는 '3각 방패'를 우리는 갖추고 있다고 할 수 있다. 이런 상황에서 우리나라가 풀어나가야 할 과제는 계속 경제도 잘하고 산업도 고도화해 한국의 전략적 이익, 즉 '몸값'을 키워나가는 일일 것이다. 이게 트럼프 행정부와 상대해 국가안보를 지켜나가야 하는 데 있어 활용할 핵심적 '맥점'이다.

II. 정부와 기업의 심모원려 深謀遠慮

*심모원려深謀遠慮;
깊이 생각하며 먼 장래를
내다보는 생각

기업가형 국가는 정부가 기업에 몇 발짝 다가서는 몸짓이다.
기업은 어떻게 변해야 할까?
사회와 잘 소통하고 상생하는 '기업 시민'을 그 답으로 제시해 본다.

단견短見 정책의 한계

필자는 취재 기자 시절인 1992년에 경제기획원(기획원)을 담당했다. 1961년 7월 발족해 경제 개발을 주도해 온 기획원은 말 그대로 경제의 사령탑이었다. 부총리급 장관에 예산, 경제 기획, 물가 관리, 정책 조정 등 막강한 권한을 행사했다. 부처가 가진 힘도 힘이었지만, 국가 경제의 장기 계획을 입안하고 실행하는 부서여서 그런지 관리들의 사고가 자유분방한 점이 특징이었다.

취재차 만난 한 관리는 지금 기준에서 생각해 보면 깜짝 놀랄 만한 아이디어를 툭 던졌다. "은행들이 기업의 주인이 되게 하면 어떨까요?" 독일이나 일본처럼 기업의 대주주를 금융기관으로 바꾸는 방안에 대해 타진해 보는 정도의 말이었다. 물론 기업의 주인을 인위적으로 교체하는 '극약처방'은 공론화되지는 않았지만, 정책의 시선에 거의 제한이 없었음을 잘 보여주는 사례이다. 사실 이런 파격적 생각이 관리들 입에서 수시로 거론됐던 게 그 시절의 분위기였다.

당시는 경제개발 5개년 계획이 추진되던 시절이어서 경제정책은 긴 호흡으로 펼쳐졌다. 물가 급등 등 단기 현안에 대한 대응도 추진됐지만, 무엇보다 5년 단위의 중장기 정책이 중시됐다. 그 실행의 힘은 예산 배정에 있었다. 경제기획국에서 짜는 5개년 계획안에 들어간 정책에는 예산국이 예산을 배정했다. 미래를 내다보고 개척하는 정책이 일관되게 추진되게 하는 체제였다. 강경식 전 경제부총리는 저서 '국가가 해야 할 일, 하지 말아야 할 일'에서 이때를 회고하며 "5개년 계획에 반영되지 않은 사업은 아예 상대조차 하지 않았다. 5개년 계획서는 작성 후에도 캐비닛에서 잠자는 신세에서 벗어나 계속 참고하는 문서가 되었다"라고 증언한다.

지난 시간을 다시 소환한 것은 5개년 계획 같은 제도를 재도입하자고 말하려는 게 아니다. 한국경제는 이미 세계 10위권인데다 민간기업이 주축을 이루고 있어 과거의 국가자본주의 방식은 몸에 맞지 않는 게 사실이다. 중요한 점은 단기 현안 중심으로 정책이 가동되면서 국가 경제의 장기 가치를 키우는 전략이 힘을 받지 못하고 있다는 데 있다. 근본 원인은 무엇일까?

김영삼 정부 시절 기획원과 재무부를 통합해 재경경제원(재경원)을 만든 게 패착이었다고 생각한다. 가끔 뜬구름 잡는 얘기를 하지만 미래의 꿈을 꾸는 기획원과 금융 등 현안 중심의 치밀한 현장형 사고를 하는 재무부의 '한 집 살림'은 그 진로가 예상됐다. 장기 비전에 대한 단기적 사고의 승리였다. 이후 경제정책은 고용, 물가, 환율 등 급하게 대처해야 할 일 중심으로 움직이기 시작했으며 산업구조, 잠재성장률, 생산성, 과학기술 등 미래의 핵심 성장동력을 키우는 일에는 방점이 제대로 주어지지 않았다. 발등의 불로 떨어진 이슈를 해결하는 게 급선무였기 때문이다.

노무현 정부 당시 대통령 정보과학기술 보좌관을 역임했던 김태유 서울대 명예교수는 "우리나라 경제가 성장동력을 잃게 된 큰 이유 중 하나는 기획재정부가 단기 정책과 장기 정책 모두를 총괄하는 원톱체제로 운영되기 때문"이라며 "국가 백년대계를 책임질 중차대한 미래 경제 문제는 늘 당면한 현실 경제의 뒷전으로 밀리기 마련"이라고 지적하고 있다. ('한국의 시간') 그가 청와대 재직 당시 과학기술부총리 제도 신설을 주도하고 과기부 산하에 기술혁신본부를 설치한 다음 과학기술과 연구개발에 관련된 예산을 이관한 것도 당장 급하지는 않지만, 앞날을 위해 중요한 일을 준비하려는 의도에서였다. 이 조치는 경제의 장기 가치에 초점을 맞추려고 했던 시도의 한 사례로 볼 수 있을 듯하다.

국가의 장기 가치를 키워라!

1994년 12월에 통합부처로 탄생한 재경원은 이후 잇따른 정부 조직 개편으로 간판을 재정경제부로 바꿔 달은 데 이어 현재의 기획재정부(기재부)에 이르고 있다. 재경원이 가지고 있던 예산 기능은 국민의 정부 당시 기획예산처로 분리되었다가 다시 기재부가 품게 된다. 이와 관련, 짚어볼 점은 기재부 같은 '대大부처'의 기능과 역할에 대한 평가이다. 사실 기재부는 과거 재경원의 부활이라는 지적을 받고 있다.

오재록 전주대 교수는 기재부는 세제, 예산, 정책 조정 등 '경제 3권'을 보장받음으로써 막강한 권한을 행사하며 중앙행정기관 위에 군림했던 옛 재경원을 쏙 빼닮았다고 말하고 있다. 기재부 같은 대부처는 장관의 기능적 책임이 지나치게 넓은 데다 이질적인 업무가 집중돼 관리가 어렵고 다른 부처의 발언권이 대폭 축소되는 문제가 있다는 것이다. 무엇보다 큰 문제는 워낙 많은 현안 앞에 장기 정책이 들어설 자리가 협소할 수밖에 없다는 데 있다.

이와 관련해, 주문하고 싶은 점은 국가의 장기 가치를 키워나갈 수 있는 방향에 대한 고려도 심도 있게 이뤄져야 한다는 것이다. 현재 정부는 기업이 단기 경영에서 벗어나 중장기 가치의 제고에 역점을 두도록 환경과 이해관계자를 존중하는 투명 경영인 ESG를 체질화하도록 독려하고 있다.

기업에 이런 '방향지시등'을 켜고 있는 정부가 주로 단기 정책에 몰두하고 있어야 하겠는가! 잠재성장률 제고, 질적 성장으로의 전환, 생산성 제고, 기후 위기와 저출산 대응, 구조적 연금 개혁, 양극화 해소 등 먼발치를 내다보면서 꾸준히 추진해야 할 장기 과제들이 적지 않은 게 현실이다. 이들 과제에 대한 실효성 있는 해법이 실행되도록 하려면 예산 기능을 기재부에서 떼어내되, 과거 기획원의 경우처럼 예산과 장기 경제정책을 한 데 묶는 방안을 검토해 볼만하다. 이런 일을 하는 부처의 소속이 총리실이나 국회 등 어디가 좋을지는 장단점을 따져 결론을 내리면 될 듯하다.

행정부가 세우는 장기 계획은 구속력이 없는 만큼 국회 합의로 이를 부여하자는 의견도 있는데 결국 이는 실행력을 담보하는 장치를 마련하자는 요구이다. 또한 정부 부처 산하 씽크탱크들이 독립적으로 중장기 정책을 연구하고 이를 권고하는 제안을 할 수 있도록 하는 체제를 마련하자는 주장도 설득력이 있다.

주지하다시피 국가 경제의 경쟁력은 단기 응급 대응에서 나오지 않는다. 체질을 강화하는 중장기 정책에서 발원한다. 상대적으로 시장경제를 중시하는 미국이 다시 산업정책 수립에 나서고 중국이 장기적 일관성을 가지고 경제를 운용하는 이유가 여기에 있다.

여기에서 정치 이슈이면서도 경제적 중요도가 높은 이슈에 대해 언급하고자 한다. 바로 대통령 단임 문제이다. 장기 집권을 막기 위해 도입된 제도였지만 이제는 국가 경제가 장기적 청사진 아래 운용되는 데 큰 걸림돌이 되고 있다. 어느 정부가 됐든 '5년 단막극'으로 끝나는 정부가 차기나 차차기 정부가 책임질 일에 힘을 쏟아붓기를 기대하기는 어려운 게 사실이다. 개헌 논의가 본격화되면 대통령 임기는 줄이되 연임할 수 있도록 길을 터줘야 한다. 선진 경제권에서 대통령이나 수상의 임기를 단 1회로 묶어두는 경직적인 제도를 운용하는 나라가 있는가? 장기적 경제 개혁 조치로 유럽 경제의 맹주이자 제조업 강국으로서의 위치를 흔들림 없이 유지하고 있는 독일. 총리의 임기를 보면 헬무트 콜과 앙겔라 메르켈이 각각 16년, 콘라트 아데나워 14년, 게르하르트 슈뢰더 8년, 헬무트 슈미트 7년 등이다.

규제 완화,
파격적 대책 필요

잠시 언론계를 떠나있던 시절에 민간 금융기관에서 일한 적이 있다. 뚜렷이 기억에 남는 것은 하늘을 찌를 듯한 관官의 위상. 기자 시절 생각했던 것보다 훨씬 고공高空에 관은 있었다. 제도라는 틀은 형식적 규제일 뿐. 자율화됐다고 어디 감히 민民이 '관'의 동의를 구하지 않고 일을 벌일 수 있을까. '관이 치治하기 위해 존재하는' 한국적 현실에서 수그러들지 않아 온 관치의 힘의 근원은 어찌 보면 후환에 대한 민의 두려움이다. 규제가 풀렸다고 맘대로 하는 건 참 순진한 일이다. 나중에 진돗개가 물고 늘어지듯 보복을 당할 수 있으니. 예컨대 자동차 보험료를 보자. 자동차 보험은 적자가 나면 가격을 올려야 한다. 형식적으로야 민간 금융기관들이 알아서 올리면 되는 일. 솔직히 현실이 그런가. 올리지 말고

참으라는 사인이 금융당국에서 나온다. 금융기관들은 관의 눈치를 보느라 손해를 감수하다가 관의 '오케이' 사인이 나면 보험료 인상에 나선다.

어느 정부든 규제 완화의 깃발은 높이 들렸다. 시작은 항상 그랬다. 문제는 얼마나 실효성 있게 오래 나부낄지이다. 그래서 한 번에 화끈하게 쇼하듯이 하는 것보다 지속 가능한 대책이 실행에 옮겨졌으면 한다. 그 골격과 세부적 대책을 만드는 일은 정부의 몫이다. 몇 가지를 조언해 본다. 먼저, 규제 완화가 현장에서 실질적으로 이뤄지는지에 대해 당사자인 기업의 만족도를 조사하고 공표하는 것을 정례화하면 어떨까. 객관성을 담보하기 위해 제3의 기관이 매년 행정당국의 규제 완화 의지와 실행 정도를, 기업을 대상으로 익명으로 평가하게 하자는 것이다. 관도 민의 눈치를 보게 해 규제 완화의 깃발이 오래 펄럭일 수 있게 틀을 만들자는 제안이다. 그동안에도 정부 업무 평가는 있었다. 하지만 일반 정책에 대한 평가가 대부분이었다. 만족도 조사가 있었던 적도 있지만 대부분 무작위로 추출된 일반 국민이나 교수 같은 전문가들을 대상으로 했다. 정작 행정 행위의 대상인 기업들은 빠져 있었다. 이런 제안이 새삼스러울 것도 없다. 교수는 학생들로부터 강의 평가를 받고 있다. 증권가의 애널리스트들은 주식 매수기관들로부터 매년 평가를 받고 순위가 공개된다. 민간도 이런데 국민의 세금으로 운영되는 정부 기관들은 그 행정 행위의 대상들로부터 '피드백'을 받는 게 당연하다.

다음으로 좀 과격한(?) 주장이 될지 모르겠다. 공무원 급여를 규제 편익과 비용에 일부라도 연동시켜 보면 어떨까. 규제가 '암덩어리'라면 이 정도의 '항암치료'를 받게 하는 건 필요하지 않을까. 김대기 전 대통령 비서실장은 저서 '덫에 걸린 한국경제'에서 공무원의 보수를 성장률, 물가상승률, 국가신용도 같은 경제운용 실적에 연계하자는 제안까지 했다. 이 정도까지는 아니더라도 행정부처별로 일 년간 어느 정도 규제 완화의 '순편익(편익에서 규제로 인한 비용을 차감)'을 냈는지 계산해 낸 다음 그 결과에 따라 급여가 움직이게 한다면 공무원들이 계속 규제를 풀지 않고는 못 배기는 효과가 생길 것이다. 끝으로 기업들의 체감 규제가 많다는 지방행정 문제이다. 지방 정치와 행정이 섞여 있는 지방자치 단체장의 의사결정 사안이다. 그래서 해법을 찾기가 쉽지 않을 것이다. 이와 관련해 선거 문화의 혁신을 제안한다. 주먹구구식으로 재원을 따져 도로 같은 사회기반시설을 건설하겠다는 식의 구시대적 선심 공약을 내는 후보보다 규제를 풀겠다는 새로운 발상을 내는 후보를 뽑아주는 풍토가 바람직할 것이다. 규제 완화는 어느 정부의 초기 단계에서는 늘 격발은 됐다. 한때의 바람이 아니라 지속적으로 실행돼야 한다. 그 효과도 골고루 공유돼야 한다.

'기업가형 정부'와
'기업 시민'

경기침체기는 '동면의 시간'이 아니다. 경제의 새살이 돋아나는 혁신의 시기이다. 1930년대 대공황으로 가보자. 당시 미국의 생산성은 의외로 매년 1.8%라는 '준수한 속도'로 늘어났다. 앨런 그린스펀 전 FRB 의장은 저서 '미국 자본주의 역사'에서 엄청난 혁신의 힘이 작용한 덕분이라고 진단한다. 실제로 전화기에서부터 비행기에 이르는 기술적 진보가 이때 일어났다. S-42 비행정이 샌프란시스코에서 호놀룰루까지 3,800km를 최초로 단번에 주파한 게 1935년이다. 이 시기에 현대적 편의점인 세븐일레븐이 선을 보였다.

이뿐만이 아니다. 듀폰이 나일론을 발명한 것을 비롯해 저밀도 폴리에틸렌, 스티로폼 등 신규 화학제품이 잇따라 개발됐다. 상황이 힘든 만큼 상상력의 힘도 커졌다. 1930년대에 제작된 할리우드 영화는 5천여 편에 이른다. '백설 공주', '오즈의 마법사', '바람과 함께 사라지다' 같은 걸작이 경기침체에 지친 사람들에게 위로와 휴식의 시간을 주었다. 대규모 재정지출의 활약상이 돋보인 상황 속에서도 민간의 활력도 새로운 미래의 싹을 틔워가는 때였다.

이는 침체 속의 경제에 무엇을 말해주고 있을까? 정부와 민간의 공조와 역할 분담에 대해 중요한 메시지를 던져주고 있다. 팬데믹 시기에는 전례 없는 바이러스 확산으로 경제의 기반이 무너지는 것을 막기 위해 정부가 '소방수'로 강력하고 빠르게 등판하는 것은 불가피했다. 취약계층과 소상공인에 자금을 긴급 수혈하고, 위기에 처한 산업에 '자금 파이프라인'을 열어주는 등의 응급조치는 경제의 두 축인 수요와 공급이 붕괴하는 것을 막기 위한 필수적인 조치였다. '큰 정부'가 전면에 나서는 게 정답인 시기이다.

하지만 과거와 현재의 경제 현장은 그렇다고 정부가 경제를 지나치게 압도해서는 안 된다는 점도 강조하고 있다. 자생적으로 숨통을 키워가고 있는 민간의 혁신이 상승 기류를 탈 수 있도록 정부가 한쪽으로 비켜설 줄도 알고 이를 측면 지원하는 '2선의 역할'에도 눈을 돌려야 한다는 것이다.

'큰 정부'의 시대도 민간의 활력이라는 '공명共鳴'이 울려야 지속 가능한 것이다. 더구나 정부가 경기를 떠받치는 것은 무제한 가능하지 않다. 재정지출은 GDP(국내총생산) 대비 국가부채 비율과 국가신인도에 대한 영향 등 제약 조건 아래서 운용될 수밖에 없다. 또 언젠가는 재정 건전성을 향해 '회군'해야 할 순간도 다가오게 돼 있다. 경기 회복의 바통을 재정에서 민간으로 넘기기 위한 정책적 노력이 긴요한 이유이다.

이와 관련해 존 메이나드 케인스가 1933년의 마지막 날에 뉴욕타임스에 실은 칼럼에서 프랭클린 루즈벨트 대통령에게 조언한 내용을 되새겨 봐야 한다. 케인스는 이 공개서한에서 경제 개혁 조치의 필요성은 인정하면서도 경기 회복을 저해할 수 있는 부작용에 대해 우려를 나타냈다. "그 개혁이 산업계의 자신감에 상처를 입히고, 기존의 행동 동기마저 꺾어버릴 것이기 때문"이라는 게 그의 진단이다. 대표적인 진보적 경제학자인 케인스가 경기를 되살리기 위해 기업의 의욕을 부추길 것을 강하게 권고한 말은 지금도 여전히 유효하다.

이런 일을 하기 위해 '큰 정부'는 무엇을 해야 할까? '기업가형 국가'를 그 방향으로 제시해 본다. 이 말은 지난 2013년에 마리아나 마추카토 영국 석세스 대학 교수가 내놓은 개념인데 이를 확대해석한 방안을 제안해 보려 한다. 경기침체 탈출을 위해 가시화됐으면 하는 '기업가형 국가'의 모습은 투자 활성화를 위한 규제 혁신이다. 이는 경기도 살리고 새로운 일자리도 만들면서 궁극적으로 재정지출을 줄일 수 있는 '일석삼조一石三鳥'의 선순환을 가져올 수 있다.

세계경제포럼WEF이 평가한 규제 완화의 정도에서 우리나라가 사회주의 국가인 중국보다 더 낮은 순위에 머물고 있다는 점은 곰곰이 되돌아봐야 할 한국경제의 현주소이다. 한국은행은 산업평균 기준으로 규제 완화를 10% 하게 되면 총요소생산성 증가율이 0.3% 포인트 확대된다고 분석하고 있다. 우리나라의 상품시장 규제가 OECD 국가 중 높은 수준인 만큼 진입장벽을 완화하는 규제 개혁을 고려해야 한다는 게 한은의 의견이다. 무엇보다 기업의 기를 살리는 분위기의 전환이 중요하다.

다음으로 정부는 민간의 혁신을 선도할 수 있다. 마추카토 교수가 그린 '기업가형 국가'의 전형이다. 정부는 상대적으로 단기 관점을 가진 기업보다 위험이 큰 혁신 투자에 나설 수 있는 장점이 있다. 민간이 떠안으려 하지 않는 위험을 감수하고 시장을 만들어 낼 수 있다는 얘기다.

실제로 미국에서 철도에서 나노기술, 제약에 이르기까지 초기에 과감하게 이뤄진 기업가적 투자의 시발점은 국가였다. 특히 인터넷, GPS, 터치스크린 디스플레이, 시리(애플의 음성인식 서비스), 음성 작동 개인 단말기 등 스마트한 기술은 모두 미국 정부의 지원으로 개발됐다. 예컨대 인터넷은 미국 국방부 방위고등연구계획국(DAPRA)이 발명하고 상업화했다.

기업가형 국가는 정부가 기업에 몇 발짝 다가서는 몸짓이다. 기업은 어떻게 변해야 할까? 사회와 잘 소통하고 상생하는 '기업 시민'을 그 답으로 제시해 본다. 기업 시민은 말 그대로 기업도 사회의 구성원인 '시민'처럼 사회를 향해 법적, 윤리적, 경제적 책임을 다하는 개념이다. 요즘 국내외적으로 이슈가 되고 있는 이해관계자 자본주의와 ESG(환경, 사회, 지배구조)가 여기에 해당한다고 할 수 있다. 단기적 주주 이익을 극대화하는 것을 기업의 목적으로 보는 주주자본주의는 신자유주의가 가져온 양극화 심화 등 폐해로 인해 공감대를 잃은 상태이다.

이제 기업은 고객, 근로자, 거래기업, 지역사회 등 이해관계자를 중시하는 경영을 할 것을 요구받고 있다. 이해관계자 자본주의 시대가 열리고 있다. 최근 ESG가 강조되고 있는 것도 같은 맥락에서 이해할 수 있다. ESG는 글로벌 비즈니스의 '드레스코드'가 되고 있다. 환경을 훼손하고, 이해관계자의 권익을 외면하고, 지배구조가 불투명한 기업은 글로벌 무대에 서기 어렵거나 많은 불이익을 받게 될 것으로 보인다. 투자자들이 기피하고, 자금조달 금리가 올라가고, 기업가치가 떨어지는 등 비용을 치르게 될 것이다. ESG는 종전의 CSR(사회적 책임 활동)처럼 평판 개선을 위해 하는 '선택 사양'이 아니라 기업이 생존하고 성장하기 위한 필요충분조건이 돼가고 있다.

팬데믹 이전과 이후는 본질적으로 다른 세상이다. 과거의 틀이 더 이상 작동하지 않는 만큼 오래된 사고와 행동의 관성을 끊어내야 한다. 발상의 대전환을 해야 한다. 그런 점에서 기업가형 국가와 기업 시민의 새로운 '접속'은 한국경제가 위기를 돌파하고 새로운 성장동력을 확보하는 '신 민관 공조 시대'를 열어가는 틀이 될 것이라고 믿는다.

신뢰도 낮은 한국 기업

지난 2021년 3월 31일에 열린 제48회 상공의 날 기념식은 정부와 기업의 '공통 인식'이 확인된 자리였다. 이날 기념사에서 문재인 대통령은 성장을 불평등, 환경, 안전 등 보다 앞세워왔던 것을 바꿔야 한다며 기업의 역할이 더욱 중요해졌다고 강조했다. 문 대통령은 ESG를 중시하는 따뜻한 자본주의, 이해관계자를 끌어안는 새로운 자본주의, 그리고 지속 가능한 발전을 구체적인 변화의 방향으로 제시했다.

이날 기념식에 앞서 있은 환담에서 대한상의 회장인 최태원 SK그룹 회장은 문 대통령에게 "경제회복을 위해 다양하게 기업의 의견을 수렴해 나가겠다"라면서 "사업보국을 기업가 정신의 가장 중요한 덕목으로 생각하고 있다"라고 밝혔다. 문 대통령이 한국경제의 대전환을 위해 기업이 큰 역할을 해줄 것을 주문했다면 최 회장은 기업이 사업을 통해 나라에 보답하는 책임과 역할을 다할 것을 다짐한 것이다.

이날 최 회장의 발언으로 사업보국이라는 기업의 소명이 모처럼 귀환했다. 사업보국이 처음 공식화된 것은 삼성그룹의 창업이념이 담긴 1973년의 '삼성 제2차 경영 5개년 계획'이었다. 삼성의 창업주인 이병철 회장은 사업보국과 인재 제일, 합리 추구를 그룹의 경영이념으로 제시했다. 이병철 회장은 1987년 한 매체에 기고한 글에서 사업보국에 대한 자기 생각을 이렇게 정리했다. "인간 사회에 있어서 최고의 미덕은 봉사라고 생각한다. 인간이 경영하는 기업의 사명도 의심할 여지 없이 국가, 국민, 그리고 인류에 대하여 봉사하는 것이어야 한다."

이에 앞서 1984년에 삼성인력개발원이 펴낸 '삼성 이해'는 좀 더 구체적인 얘기를 하고 있다. "기업이 사업 활동을 하는 데는 여러 종류의 관계 분야가 있다. 원료를 구입하는 구입처를 비롯해서 자금을 제공해 주는 주주와 은행, 제품을 사주는 일반 수요자와 단골 고객, 이 밖에도 지역사회 등 수많은 상대와 갖가지 형태의 관계를 지니면서 기업을 경영하고 있는 것이다. 이처럼 수

많은 관계자를 희생시키면서 자기만의 발전을 꾀하는 일은 허용되지 않는다"

기업의 목적은 가능한 돈을 많이 벌어 주주 이익을 극대화하는 것이라는 내용의 밀튼 프리드먼 독트린이 발표된 게 1970년인데, 비슷한 시기에 한국에는 전혀 다른 생각을 하는 기업인이 있었다는 게 흥미롭다. 어쨌든 사업보국을 소환한 최태원 회장으로서는 부친인 고 최종현 회장도 실천한 이 정신의 맥을 되살리고 본인이 강조해 온 기업의 사회적 가치 창출을 한국 기업이 지향해야 할 새 좌표로 제시하고자 하는 의욕이 강한 것으로 보인다.

하지만 사업보국을 재가동하기 위해서는 한국 기업을 바라보는 사회의 냉정한 시선을 직시해야 한다. 글로벌 커뮤니케이션 기업인 에델만이 한국을 포함한 28개국에서 실시한 '2025 신뢰 지수' 조사 결과를 보자. 에델만이 근로자들에게 고용주에 대한 신뢰도를 물었더니 한국은 48%로 28개국 중 꼴찌였다. 기업 신뢰도가 50%도 넘지 못했다. 글로벌 평균은 75%이고 1위는 인도네시아(93%), 2위 인도(89%), 3위 중국(84%)이다. 에델만은 28개국 고용주의 신뢰도를 신뢰, 중립, 불신으로 분류했는데 28개국은 모두 '신뢰'로 평가된 데 비해 한국만 유일하게 '불신' 판정을 받았다. 한국 바로 앞의 27위 국가가 일본(64%)으로 한국 기업은 일본 기업과도 격차가 크다.

　이뿐만이 아니다. 기업 전반의 신뢰도도 한국 기업은 맨 꼴찌를 면치 못하고 있다. 한국 기업의 전반적 신뢰도는 43%에 불과해 1위인 중국과 인도(81%)는 물론 평균치인 62%에도 크게 못 미치고 있다. 에델만 조사에서 고용주는 기업, NGO, 정부, 미디어인데 기업 고용주에 대한 평가를 상당 부분 반영하고 있다고 봐도 무리가 없을 듯하다.

　한국 기업은 왜 이런 평가를 받게 된 것일까? 기업인으로서는 억울한 느낌도 있을 것이다. 한강의 기적을 이뤄내고, 해외 시장을 누비고, 많은 일자리를 만들어 냈는데 평가가 너무 박하지 않나, 하는 생각을 할 수도 있을 것이다. 하지만 현실은 현실이다. 낙수효과가 사라지면서 기업의 성장이 국민 전반의 삶의 풍요로 연결되지 않고, 양극화가 심화되고, 정경유착 등 부정적 사례가 끊이지 않으면서 기업을 보는 곱지 않은 시선이 형성된 것이다. 기업은 사업보국을 해왔다고 할지 모르지만, 기업 내외부의 시선은 그렇지 않은 상태이다.

'사업보국事業報國' 2.0, 지속 가능 경영

사업을 통해 나라에 보답한다는 의미의 사업보국은 시대적 상황의 변화에 따라 그 내용도 달라져야 할 것으로 보인다. 즉, 과거의 '사업보국 1.0'과 앞으로의 '사업보국 2.0'이 본질적으로 달라야 한다.

경제 개발 초기에서 중진국으로 오는 과정에서는 성장이 '지상과제'로 여겨졌던 만큼 환경 훼손과 인권 침해 등 부정적 측면들이 심각하게 다뤄지지 않았다. 특히 외환위기 이후 신자유주의가 강제 수입되면서 기업은 자본시장의 요구대로 성장을 하고 이익만 많이 내면 된다는 사고가 지배적이었다.

하지만 한국경제가 선진국 그룹에 속한 지금 성장을 바라보는 시선이 크게 바뀌고 있다. '세계행복보고서 2020'은 이와 관련해 중요한 시사점을 던져주고 있다. 이 보고서는 경제 개발 수준이 낮은 단계에서는 성장 자체가 국민의 행복도를 높이지만, 국가가 부유해질수록 불평등을 해소하고 환경의 질을 개선하는 등 지속 가능한 성장을 하지 않으면 행복도는 정체된다고 진단하고 있다. 다시 말해, 빠른 성장보다는 미래의 성장 잠재력을 훼손하지 않는 건강한 성장이 국민의 행복을 증진한다는 얘기다.

세계경제포럼WEF의 클라우스 슈밥 회장도 저서 '위대한 리셋'에서 같은 관점의 주장을 펴고 있다. 슈밥은 포스트 코로나 시대에 저성장이 '뉴노멀'로 자리 잡을 것으로 보이는 상황에서 성장에 집착하는 게 유용한지에 대해 의구심을 가질 수 있다고 문제를 제기한다. 그는 특히 세계 지도자들이 시민과 지구의 행복에 더 집중하고 우선순위를 두어야 한다고 역설한다. 그동안 경제번영의 지표로서 GDP(국내총생산)에 과도하게 의존한 결과 자연과 사회자원 고갈이라는 문제가 발생했는데 이제는 이를 치유해야 한다는 것이다.

이렇게 보면 과거의 '사업보국 1.0'은 양적 성장 그 자체였다고 할 수 있다. 앞으로 기업이 추구해야 할 '사업보국 2.0'은 질적인 성장과 경영이 될 것이다. 재무적 가치와 같은 비중으로 사회적 가치를 창출하는 지속가능경영을 해야 한다는 것이다. 고객, 근로자, 거래기업, 지역사회 등 이해관계자를 존중하는 이해관계자 자본주의와 가치사슬 전반에서 환경과 사회, 지배구조를 개선해 새로운 가치를 만들어 내는 ESG 경영이 여기에 해당한다고 할 수 있다.

이와 관련해서 눈여겨봐야 할 것은 유엔이 지난 2015년에 채택한 17개 항목의 지속가능개발 목표 SDGs이다. 맑은 물과 위생, 청정에너지, 불평등 완화, 지속 가능한 도시, 책임 있는 소비와 생산, 기후변화 대응, 해양생태계 보존 등이 여기에 포함돼 있다. SDGs는 유엔이 2030년까지 달성하기로 한 의제로 해마다 고위 포럼에서 진행 상황을 점검하고 있다. 글로벌 차원에서 본격적으로 추진되고 있는 SDGs는 기업 입장에서 보면 사회적 가치 창출이 재무적 가치 못지않게 중요하게 부각되는 새로운 시대가 열렸음을 뜻한다. 딜로이트 컨설팅은 "SDGs는 과거 수십 년간에 걸쳐 글로벌 자본주의 속에서 구축돼 온 현대 기업경영모델의 근간을 뒤흔드는 변화의 요구"라고 규정하고 있다. 특히 SDGs의 개별 항목들은 달성 수준이 높아질수록 삶에 대한 주관적인 만족도도 같이 높이는 효과를 가져오는 것으로 분석되고 있다.

우리나라의 현실은 어떨까? 통계청이 발표한 보고서를 보면 2024년 기준으로 우리나라의 온실가스 배출량은 OECD(경제협력개발기구) 35개국 중 다섯 번째로 많고, 근로자 성별 임금 격차는 31.2%로 가장 높다. 반면에 재생에너지 사용 비율은 가장 낮다. 이 수치는 '사업보국 2.0'의 실행을 위해 기업이 어떻게 달라져야 하는지를 말해주고 있다.

앞으로 기업들은 SDGs 등에 반영된 사회적 가치 창출을 본업과 분리된, 리스크나 평판을 관리하는 정도로 여겨서는 안 된다. 오히려 전사 차원의 전략에 적극적으로 포함해 생산과 경영 전반에서 새로운 가치를 창출하는 접근이 필수적이다. 사회적 가치가 기업의 존재 목적, 사업, 제품, 서비스에 녹아들 때 건전한 성장 동력이 제대로 작동할 것이라는 지적이다.

실제로 지속가능경영을 모범적으로 실행에 옮긴 역할 모델 기업이 적지 않게 존재한다. 등산 장비와 기능성 의류 제조기업인 파타고니아가 대표적이다. 파타고니아는 환경 문제 해결을 사업 전반에서 제일 우선시하며 견실한 성장을 지속하고 있는 우량기업이다. 재활용 페트병에서 추출한 섬유로 재킷을 만들고, 유기농 천연섬유와 독성이 적은 염료 등을 써서 의류를 제조하고 있다. 또 보상판매 프로그램을 통해 의류를 되사들인 다음 세탁과 수

선을 거쳐 재판매함으로써 제품의 사용 기간을 늘려 자원을 절약하고 있다. 필립스도 빼놓을 수 없는 기업이다. 필립스는 전구 판매량을 극대화하는 종전의 전략을 지양하고 조명의 설치, 보수, 운영 등 포괄적 서비스를 제공해 제품의 수명을 연장하는 것을 새로운 사업으로 채택해 큰 성공을 거두었다.

사회와 호흡을 같이하는 '사업보국 2.0'을 지향해야 하는 한국 기업들은 이본 쉬나드 파타고니아 CEO가 들려주는 경영 철학을 경청하고 숙고해볼 필요가 있다.

"우리는 끝없는 성장을 필요로 하고 자연 파괴에 대해 책임져야 마땅한 자본주의 모델이 반드시 대체돼야 한다고 믿는다. 파타고니아와 2,000명의 직원은 옳은 일을 해서 세상에 유익하면서도 수익성이 있는 기업을 만들 수 있다는 것을 전 세계 기업들에 입증해 보일 수단과 의지를 갖추고 있다."

'보이지 않는 손'과 도덕 감정론

이명박 정부 시절. 처음에 재계는 나름대로 큰 기대를 했다. 친기업 성향의 보수 정부인데다 대통령이 기업을 잘 아는 CEO 출신이었기 때문이다. 하지만 물가가 크게 오르면서 생활 밀접 52개 품목에 대한, 이른바 'MB 물가' 관리에 들어가자, 분위기는 싸늘해졌다. 더구나 당시 지식경제부 장관은 기름값의 원가와 유통구조를 샅샅이 뜯어보겠다며 유가 인하를 압박하기도 했다. "아는 사람이 더한다"라는 볼멘소리가 재계에서 터져 나왔다.

늘 그렇듯 고개 드는 물가는 '큰 정부'를 소환한다. 윤석열 정부도 마찬가지다. 자유와 규제 완화의 깃발을 들었지만, 민생 전반을 옥죄는 물가 앞에선 국민의 '호주머니 사정'을 고려하는 쪽으로 정책을 선회했다. 국민의 지갑은 얇아져 가는데 올라가는 금리에 무임승차해 쉽게 이익을 늘린 은행의 '눈치 없는' 성과급 잔치. 여기에 '은행은 공공재적 시스템!'이라며 경고 카드를 들고 나온 정부의 공세. 이 상황은 사실 따지고 보면 은행이 자초한 일이며 정부로서도 팔짱 끼고 방치할 수만은 없는 일이다. 물가의 고삐를 잡으려는 행정 조치의 과녁에는 통신사, 주류업체, 정유업계 등이 포함됐다.

시장경제에 대한, 이 같은 정부의 개입을 어떻게 봐야 할까? 자유를 얘기해 놓고 정부가 감 놔라 배 놔라 하는 것은 모순이라고 얘기하는 것은 지나친 단순 논리이다. 시장은 불가침(?)의 성역이 아니기 때문이다. 이 문제를 한 번 따져보자.

'시장'하면 우리는 애덤 스미스의 '국부론'을 떠올린다. 이 책과 관련해 많이 알려진 상식. 모두가 이기적으로 행동해도 시장은 알아서 경제에 가장 바람직한 결과를 만들어 내는 '마술 상자' 같은 순기능을 한다는 말이 바로 그것이다. 이런 시장에 정부가 끼어들 틈은 없다.

국부론에서 애덤 스미스는 "자기 자신을 추구함으로써 자신이 진실로 사회의 이익을 증진하려고 의도하는 것보다 효과적으로 이익을 증진한다"라며 경제주체가 의도하지 않았던 목적을 달성하게 하는 '보이지 않는 손invisible hand'의 역할을 강조한다. 흥미로운 점은 이런 언급이 이 책에 단 한 번 나올 뿐인데 시장경제의 근간을 떠받드는 핵심적인 논리가 되고 있다는 점이다. 역시 강력한 메시지는 길이와 무관하다.

어찌 됐든, 국부론에만 머물면 '시장은 만능'이라는 생각에 갇히게 된다. 논의의 지평이 바뀌는 실마리는 스미스의 다른 저작에서 발견된다. 1776년에 나온 국부론보다 17년 전인 1759년에 쓰인 '도덕 감정론'이 그 주인공이다. 이 책에서 스미스는 이기심보다는 연민, 자애, 동정심을 강조한다. "자기 자신을 위하는 사심을 억제하고 남을 위한 자애심을 방임放任하는 것이 인간의 천성을 완미完美하게 만드는 길이다." 그러면서 그는 "미덕의 완미함은 우리 자신의 번영이 전체의 번영과 일치하거나 혹은 전체의 번영에 기여하는 범위 내에서만 우리 자신의 번영을 추구하는 것에 존재한다."라고 말한다.

개인보다 전체가 더 중요하기 때문에 이기심의 자제가 필요하며 이런 맥락에서 국가는 사회의 행복과 불행에 많은 영향을 미치는 중요한 사회단체라는 게 스미스의 또 다른 주장이다. 결국 국부론과 도덕 감정론의 긴장은 둘 사이에서 균형을 잘 잡는 시선이 중요함을 말해준다. 시장이 절대적 명제는 아니며 사회의 행복을 증진하는 국가의 역할이 같이 가야 사회와 경제에 무게 중심이 생긴다는 것이다.

프리드먼 후예들의 배신(?)

시대의 흐름에 따라 사조의 편향성이 엎치락뒤치락하며 국가나 시장의 과잉이 가시화할 때가 적지 않았다. 이와 관련해 대표적 인물은 시장주의의 본산인 시카고학파의 대부인 밀턴 프리드먼이다. 그의 논지는 그저 시장 절대주의와 기업 자유로의 직진이다. 한 마디로 시장이 알아서 잘하니, 정부는 최대한 뒤로 빠져 있으라는 얘기다.

그는 '자본주의와 자유'에서 정부는 게임의 규칙을 정하고 이를 해석하는 심판으로 역할을 줄일 것을 요구한다. 정부 재정에 대해서는 "경기변동을 일으키는 다른 힘들을 상쇄하는 균형 바퀴가 되기는커녕 그 자체로서 경기 교란과 불안정의 주된 원천이 되었다"라고 비판한다. 이런 시각이다 보니, 기업 경영에 대해서도 '자유'를 주장한다. 1970년에 나온 '프리드먼 독트린'에서 그는 기업의 사회적 책임은 이익을 늘리는 것이라고 단언한다. 이런 목적을 가진 기업에 고용 창출, 오염 방지 등 활동을 하라고 하는 것은 사회주의라며 '색깔론'을 덧입히기도 한다. 요즘 시선으로 보면 너무 나아간 것이다.

프리드먼 독트린은 이후 1970년대 후반과 80년대 초반에 미국의 로널드 레이건 대통령과 영국의 마거릿 대처 총리를 거치면서 시장 절대우위를 강조하는 신자유주의로 이어진다. 정부의 영역은 크게 좁혀지고 규제 완화, 민영화, 무역 개방 등이 확산한다. 신자유주의는 국제 무역의 확대와 개도국의 경제 개발 등 적지 않은 열매를 맺기도 했다. 다른 한편으로는 양극화 심화와 환경 훼손 등 큰 부작용을 초래했고, 2008년 금융위기의 와중에서 이에 대한 비판 여론이 높아지면서 사실상 좌초했다.

신자유주의의 퇴조는 동전의 양면이었던 프리드먼 독트린의 쇠락을 뜻한다. 실제로 이를 반영해 프리드먼 후예들은 노선을 일부 수정했다. 시카고 대학의 스티글러 센터는 지난 2020년 프리드먼 독트린이 나온 지 50주년을 기념하는 취지로 발간한 논문집에서 프리드먼이 부정한 기업의 사회적 책임을 인정했다. 이

논문집에서 루이스 진갈레스 교수는 프리드먼의 견해는 완전경쟁시장에서만 유효하다며 구글이나 페이스북 같은 독과점기업이 존재하는 시장에서는 이 독트린이 적용되지 않음을 분명히 했다. 그는 거대 기업들은 이익이 아니라 사회 후생厚生을 극대화해야 한다고 역설했다. 기업의 자유를 제한하는 외적 요구를 인정한 셈이다. 발상의 커다란 전환이다.

이뿐만이 아니다. '역사의 종말'에서 자유주의의 승리를 선언했던 프랜시스 후쿠야마 스탠퍼드대학교 교수는 최근 저서 '자유주의와 그 불만'에서 경제적 자유주의가 신자유주의로 변질해 기괴한 불평등의 모습을 낳았다고 비판한다. 특히 "정부에 대한 신자유주의의 과도한 적대감은 명백히 비합리적"이라며 "국가는 공공재를 공급하는 데 필요하다"라고 말한다. 국가를 경제성장과 개인적 자유의 '적'으로 악마화했던 시대와 결별해야 한다는 것이 후쿠야마의 제언이다.

정부는 특히 경제의 걸림돌이 아니라 촉매제의 역할도 하고 있다는 점에 주목해야 한다. 리스크가 너무 커 민간기업이 뛰어들지 못하는 초기 기술 투자에 대규모 자금을 투입해 이를 성공시킨 다음, 이 기술을 민간으로 넘겨주는 '기업가형 정부'의 역할이 바로 그것이다. 아이폰의 탄생을 가져온 인터넷, GPS, 터치스크린 디스플레이 등 핵심 기술이 미국 정부의 지원으로 개발된 게 대표적 사례이다. 마리아나 마추카토는 "정부는 흔히 여겨지는 것보다 가치 창조에 훨씬 더 많은 기여를 하고 있지만, 정부의 가치 창조 역량은 매우 심하게 저평가받고 있다"라고 지적한다. ('가치의 모든 것')

지금까지의 논의는 정부의 시장 개입에 대해 무엇을 말해주고 있을까? 중요한 사실은 과잉 개입도 문제지만 시장을 교정하는 정책 자체를 시장의 자유를 훼손하는 '악'으로 보는 사고도 바람직하지 않다는 것이다. 신자유주의가 어른거리는 사고 구조이다. 정책이 국민 다수에 긍정적 영향을 미치는 공동선善을 지향하거나 경제에 새로운 가치를 창출해 주는 성격을 지니고 있다면 합목적성을 가지고 있다고 할 수 있다. 이런 점에서 경제 위기 국면에서 서민 가계의 안정을 위해 물가를 억제하고 시장의 도덕적 해이를 견제하고 나선 정책은 적절성을 갖추고 있다고 본다. 다만 개입이 과도한지를 살피는 사회적 감시는 물론 정부의 절제와 지혜가 있어야 할 것이다.

이와 관련해 존 스튜어트 밀은 '자유론'에서 정부의 역할에 대해 곱씹어볼 만한 의견을 들려준다. 밀은 먼저 정부가 개입해서 안 되는 두 가지의 경우를 언급한다. 정부보다 개인이 그 일을 더 잘할 수 있을 때와 이미 비대해진 정부 권력을 더 강화하려고 할 때이다. 하지만 다른 사람에게 영향을 주는 행위에 대해서는 사회가 간섭할 수 있다고 말한다. 목적이 정부의 권력 확대인지 부정적 영향의 차단인지에 따라 시장 개입이 정당한지가 판가름 난다는 것이다.

III. 미·중 패권 경쟁의 진로와 대응

대중 의존도를 어느 선까지 낮추는 게 적절할까?
현재 GDP 기준으로 중국이 세계 경제에서 차지하는 비중은
16~18% 선임을 고려하면 이 정도가 의존도의 적정선이라고 본다.

관세 전쟁,
미국은 '해방'될 수 있을까?

예측 불허의 트럼프가 2기 행정부에서 펼치는 정책은 아찔하기만 하다. 무엇보다 관세를 '절대무기'로 활용하는 정책이 그렇다. 트럼프 행정부는 중국산 제품에 대한 고율 관세, 멕시코·캐나다에 대한 25% 관세, 철강과 알루미늄에 대한 25% 관세 등 행정조치를 취한 데 이어 지난 4월 2일에는 광범위한 상호 관세 부과 조치를 발표했다. 이 조치의 골자는 미국이 수입하는 모든 제품에 대해 10%의 기본 관세를 부과하되 한국, 중국, EU, 일본, 베트남 등 50여 개 '최악의 국가'에 대해 고율의 상호 관세를 매긴다는 것이다.

국가별 상호 관세율을 보면 중국이 100%가 넘어 제일 높다.

동남아시아 국가들도 높은 관세율을 부과받게 됐다. 캄보디아의 49%를 비롯해 베트남 46%, 미얀마 45%, 방글라데시 37%, 태국 36%, 인도네시아 32% 등이다. 동남아시아 국가들에 높은 관세율이 적용된 것은 이들 국가의 관세 및 비관세 장벽 외에도 한국, 일본, 중국 등 국가의 기업들이 동남아시아를 대미 수출을 위한 생산기지로 활용하고 있는 것을 견제하려는 의도가 있는 것으로 보인다. 우리나라의 경우 25%의 관세율을 적용받게 됐다. 대만의 32%보다는 낮지만, EU의 20%, 일본 24%, 싱가포르의 10%보다는 높은 수준이다.

미국 정부는 상호 관세율이 미국 제품에 대한 높은 관세율이나 불공정한 비관세 장벽을 감안해 산정됐다고 밝혔다. 트럼프 행정부는 상호 관세율을 발표한 4월 2일을 '해방의 날'로 명명했다. 그동안 미국은 통상 과정에서 손해를 보고 자국 산업이 잠식당해 왔지만, 이날을 기점으로 이러한 시대는 끝났고 이젠 제조업을 다시 일으켜 미국이 다시 번영하는 시대를 열어가겠다는 의미이다. 미국은 앞으로 트럼프의 약속대로 '해방'의 길에 들어설 수 있을까?

트럼프의 고율 관세 정책은 크게 네 가지의 목표를 겨냥하고 있다. 첫째, 상대 국가의 관세 및 비관세 장벽을 낮춰 미국의 수출을 늘리려고 하고 있다. 둘째, 외국 기업들이 관세를 우회하기 위해 미국 내 투자를 늘리도록 유도함으로써 미국 제조업 기반을 강화하는 효과를 노리고 있다. 셋째, 관세 부과를 통해 수입 제품의 가격을 올림으로써 미국 소비자들이 자국산 제품 구매를 늘리도록 하겠다는 것이다. 마지막으로 관세 수입을 통해 세수를 늘려 재정적자를 줄이려 하고 있다.

이 같은 트럼프 행정부의 목표는 달성될 수 있을까? 하나하나 따져보자. 먼저 고율 관세를 부과받은 국가들이 고분고분 미국 말대로 무역장벽을 낮춰주면 미국의 수출이 늘어나는 효과가 있을 것이다. 하지만 이는 어디까지나 미국의 정책이 순항하는 시나리오를 전제로 한 것이다. 현실은 이것과는 다르게 진행될 가능성이 있다. 중국은 이미 미국 제품에 대한 관세 인상에 나섰고 EU와 캐나다 등 다른 국가도 보복 조치에 대한 검토에 들어갔다. 보복 조치가 가시화되면 첫 번째 목표의 달성은 어렵게 되고 오히려 해당 국가의 수출이 모두 줄어드는 악순환에 빠져들 공산이 크다. 다음으로 외국 기업의 대미 직접 투자를 늘려 미국 내 일자리 증가와 제조업 기반 강화를 가져오려는 전략은 어느 정도 효과가 있을 것으로 보인다. 실제로 관세를 피하려고 미국에 대한 투자를 발표하는 기업들이 잇따르고 있다.

세 번째 목표에 대한 답은 '글쎄요'이다. 관세 부과로 수입품 가격이 높아지면 미국 소비자들이 상대적으로 가격이 싼 국산품 구입을 늘리기는 할 것으로 보인다. 하지만 수입품 전량이 미국 제품으로 대체되는 일은 일어나지 않을 것이다. 미국 기업들의 생산 증대 능력에 한계가 있는 데다 필수품의 경우 미국 소비자들이 가격 상승을 감수하면서 수입품을 구매할 수밖에 없기 때문이다. 피터슨 경제연구소[PIIE]는 캐나다, 멕시코, 중국에 대한 1단계 관세 부과 조치만으로도 미국 가계는 매년 평균 1,200달러의 추가 부담을 안게 될 것이라고 분석하고 있다. 이에 따라 물가가 오를 것이고 가계는 지갑 사정이 나빠지는 등 부정적 영향이 나타날 것으로 예상된다. 마지막으로 관세가 오르면 세금을 더 많이 걷을 것으로 보이지만 감세 조치로 더 늘어나게 될 재정적자를 메우기는 역부족일 것이라는 의견이 지배적이다. 이렇게 보면 고율 관세 부과 조치가 외국 기업의 미국 내 투자 증가와 세수 확대 등 부분적인 효과를 가져올 것으로 보이지만, 성장과 물가, 무역 등 경제 전반에서는 오히려 주름살이 깊어질 것으로 분석되고 있다. 트럼프 행정부의 '관세 폭탄' 조치가 자충수가 될 수 있다는 얘기가 나오고 있는 이유이다.

왜 그런지 경제분석 기관들의 진단을 살펴보자. 국제금융센터는 글로벌 보편 관세 10%에다 국가별 상호 관세가 부과되면

글로벌 경제의 성장률은 당초 예상치(3.3%, IMF 2025년 1월)보다 0.49%
포인트 낮아지고, 다른 나라들이 미국에 대해 10%의 보복 관세
를 물리면 성장 하락 폭이 0.8% 포인트로 더 커질 수 있다고 진
단하고 있다. 국제 무역이 축소되는 데다 소비 심리가 위축되는
등의 이유에 따른 것이다. 관세 전쟁이 세계 경제에 부정적 영향
을 미칠 것임을 잘 보여주고 있다.

무역 전쟁이 벌어지면 어떤 일이 일어나는지를 구체적으로
진단한 PIIE의 연구 결과를 살펴보자. PIIE는 미국이 EU 제품
에 25%의 관세를 물리는 경우를 전제로 분석했다. 분석 결과, 미
국의 선제 관세 공격은 미국 경제를 물론 EU 경제를 해치는 것
으로 나타났다. EU의 보복 조치가 없는 경우에도 미국과 EU의
GDP가 모두 감소하고 EU가 보복에 나서면 GDP 감소 폭이 더
커졌다. (아래 그래프 참조)

그래프 1 미국의 관세 부과에 따른 국가별 GDP 상승률 전망(EU의 보복이 없는 경우)

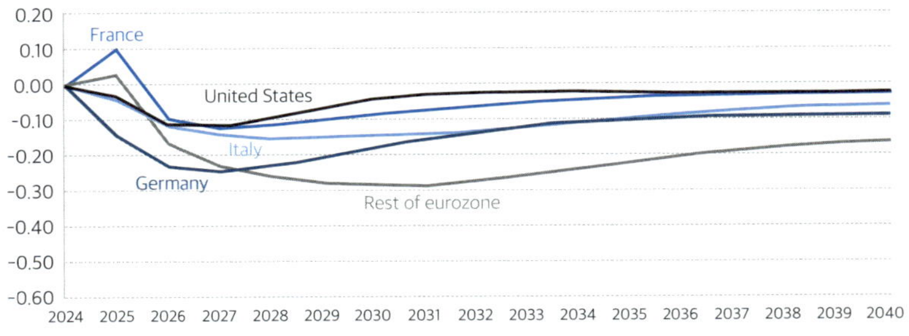

그래프 2 미국의 관세 부과에 따른 국가별 GDP 상승률 전망(EU가 보복하는 경우)

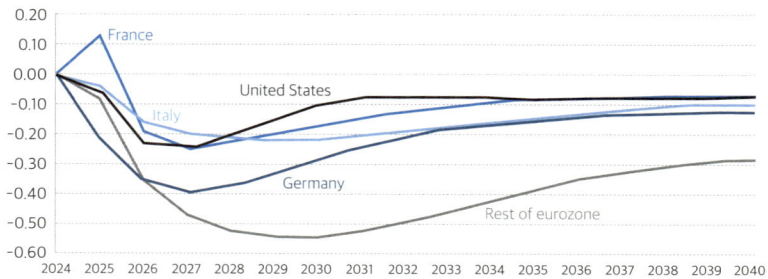

또 미국의 관세 부과에 EU도 고율 관세로 맞대응하면 미국과 EU 국가 모두 일정 동안 물가 불안이 가시화되는 것으로 분석됐다.

그래프 3 미국과 EU의 상호 관세 부과에 따른 물가상승률 전망

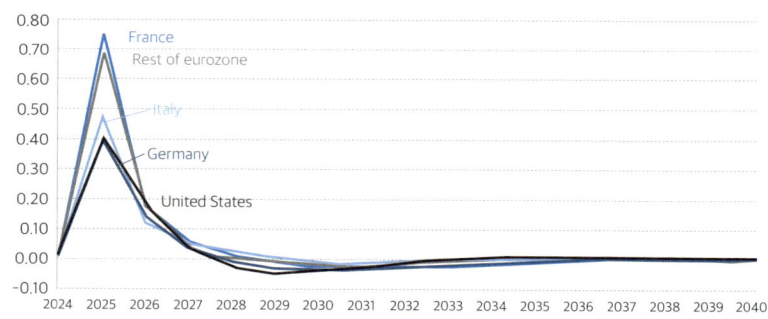

여기에서 또 한 가지 주목할 점은 미국이 EU에 대해 일방적으로 관세를 인상한다고 해서 무역수지가 개선되지 않는 것으로

나타났다는 것이다. 관세 부과로 EU 제품의 가격이 올라가도 미국의 EU 제품 수입이 그다지 줄지 않을 것이라는 점을 뜻한다.

그래프 4 미국의 관세 인상에 따른 무역수지(GDP 대비 비율) 영향 전망

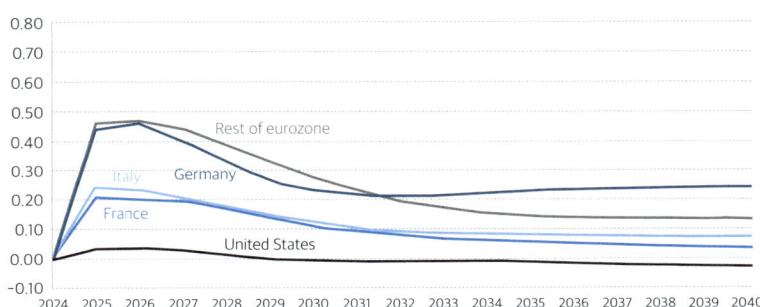

종합하면 트럼프가 시동을 건 관세 전쟁은 자유 무역을 기반으로 한 국제 무역 질서를 깨트림으로써 가뜩이나 침체 기조 속에 있는 세계 경제에 충격을 줄 것으로 우려된다. 미국 경제는 물론 세계 경제의 성장, 물가에 악영향을 미치는 반면에 정작 미국의 무역수지 개선에는 그다지 도움이 되지 않을 것으로 분석되고 있다. 외국 기업의 대미 투자 증가 등 부분적 효과만이 예상될 정도이다. 이렇게 보면 트럼프 행정부가 미국 경제에 부메랑이 되는 고율 관세를 장기화하는 것은 어리석은 선택이 될 것이다. 트럼프가 관세를 협상 수단으로 활용하는 측면도 있는 만큼 무역 상대국의 무역장벽 완화 등 미국이 얻고자 하는 것을 얻어낸

다음 이를 되돌리는 선택을 하는 것이 전략적으로 지혜로운 수순으로 보인다. 트럼프가 중국을 제외한 다른 국가들에 대한 상호 관세 부과를 일정 기간 유예한 것은 이런 관점에서 이해할 수 있다. 분명한 점은 폴 크루그먼이 '미쳤다'라는 표현을 할 정도로 극단적인 조치로 평가되고 있는 관세 폭탄이 세계 경제와 국제 무역 질서를 해침으로써 미국 경제에도 악영향을 미칠 것이라는 점이다. 이런 의미에서 트럼프가 얘기하는 '해방'은 실현되기 어려울 것이라고 할 수 있다. 미국이 이를 깨닫고 인정하는 데 시간이 걸릴 것인 만큼 한동안 세계 경제는 '혼란의 터널'을 지나갈 수밖에 없을 것이다.

미·중 '갈라서기'는
어디까지?

미국과 중국이 수교한 것은 1979년. 46년이 지났다. 중국이 세계무역기구WTO에 가입해 국제무역체제 안으로 들어온 것은 2001년. 24년째이다. 오랜 시간 글로벌 단일시장 체제를 같이 구축해 온 미·중 양국. 이제는 디커플링 또는 블록화의 길로 들어설 것이라는 관측이 제기되고 있다. 상황을 정확하게 보기 위해서는 언어도 정확해야 한다. 단어의 뜻을 살펴보자. 디커플링은 '분리된다'라는 뜻이다. 블록화는 정치적 또는 경제적 목적으로 따로따로 별도의 집단으로 나뉜다는 것을 의미한다. 양국 관계에 정말 이게 가능할까?

분명한 것은 미·중 관계가 그레이엄 앨리슨이 '예정된 전쟁'을 예고했을 정도로 긴장 고조 국면으로 깊숙이 빠져들고 있다는 점이다. 본질이 패권 다툼임은 주지의 사실이다. 미국은 자국 명목 GDP의 70% 선까지 근접하고 고속으로 기술 추격을 해오는 중국을 주저앉히고 싶은 게 솔직한 심정일 것이다. '중국몽中國夢'을 꾸고 있는 중국으로선 80년대에 미국을 추격하다가 'G2의 링'에서 끌려 내려온 일본의 전철을 되풀이할 수는 없다는 각오일 것이다. 고지가 바로 저 앞에 있는데 말이다.

미·중 두 나라는 경제적 관계를 최소화하는 과거로 역사의 수레바퀴를 되돌릴 수 있을까? 이에 대한 엄밀한 진단은 미국과 중국이 현재 경제적으로 얼마나 밀접하게 얽혀있는지, 그리고 이를 잘라내는 게 가능한지를 살펴보는 데서 시작해야 한다. 이를 위해 무역, 투자 등을 중심으로 양국의 경제교류 현황을 들여다보려 한다.

먼저 수출과 수입. 2024년 양국의 교역 규모는 5,824억 달러로 일 년 전보다 77억 달러가 늘었다. 중국은 2015년부터 미국의 1위 교역 국가였지만 이제는 3위로 위상이 낮아졌다. 무역분쟁 탓이다. 교역을 수출과 수입으로 각각 나눠보자. 지난해 미국의 대중국 수출은 1,435억 달러. 전체 수출의 6.9%에 머물렀다. 대중 수입액은 4,389억 달러로 전체 수입의 13.4%가 중국산이다.

표2 미국의 대중국 교역 추이

단위:억 달러, %

	2020년	2021년	2022년	2023년	2024년
대중 수출	1,246	1,514	1,541	1,478	1,435
전체 수출	14,339	17,659	20,903	20,452	20,832
(중국 비중)	8.7	8.6	7.4	7.2	6.9
대중 수입	4,325	5,042	5,363	4,269	4,389
전체 수입	23,467	28,490	32,703	31,085	32,962
(중국 비중)	18.4	17.7	16.4	13.7	13.4
총 무역적자	6,537	8,481	9,448	7,849	9,178
대중무역적자	3,080	3,528	3,821	2,791	2,954

자료: 미국 Census Bureau

무역에서 두 나라의 상호 분리는 가능할까? 먼저 수출. 미국 국내총생산GDP에서 수출 비중은 12%에 불과하다. 수출의존도가 한국의 40%, 중국의 20%보다 크게 낮다. 미국은 소비 비중이 68%로 내수가 주도하는 경제다. 특히 전체 수출 중에서 중국의 비중은 6.9%에 그치고 있다. 대중 수출이 크게 줄어든다고 해도 경제에 미치는 영향은 크지 않을 것이다. 농·축·수산물 수출은 사정이 다르다. 수출이 급감하면 농민들의 불만 고조로 미 행정부에 정치적 부담이 될 것이다. 수입은 상황이 대조적이다. 중국산 비중이 13%나 된다. '메이드 인 차이나' 제품 수입을 대폭 줄이면 미국도 몸살을 앓을 수밖에 없다. 무엇보다 값싼 중국산 소비재를 못 들여오면 물가가 오르고 소비자도 피해를 보게 된다.

기업도 저가의 중국산 부품을 적게 쓰면 원가가 올라 가격 인상이 불가피하다.

블록화는 과거 미국과 옛소련과의 관계를 염두에 두고 나온 얘기인데 이는 미·중 관계에 적용하는 것은 시대착오적이다. 1985년부터 소련이 붕괴된 1991년까지 두 나라의 교역 규모는 연간 최소 6억 8,900만 달러에서 최대 36억 달러에 불과했다. 연간 교역 규모가 5,824억 달러나 되는 미국과 중국이 무역 관계가 거의 없던 미·소 냉전 시대 때와 같은 블록화로 간다고 얘기하는 건 설득력이 없다. 무엇보다 무역, 특히 수입 디커플링은 미국도 상처가 클 수밖에 없다. 중국을 압박해 미국의 이익을 극대화하면서 시간을 두고 대중 의존도를 낮춰나가는 게 미국의 선택지가 될 것이다.

다음은 외국인 투자. 미국이 가장 민감하게 반응하는 분야다. 미국은 중국이 기업 인수합병 등을 통해 첨단기술을 빼내 가고 있다고 보고 있다. 중국의 대미 투자 금액은 2014년의 290억 달러(잔액 기준)에서 2018년에는 602억 달러로 배 이상 증가했다. 미국의 대중 투자 금액은 같은 기간에 822억 달러에서 1,165억 달러로 41.7%가 늘어났다. 미국 자본이 상대적으로 중국에 더 많이 들어가 있다.

두 나라 사이에 '투자마찰'이 일어나고 있는 이유는 투자 목적이 크게 다르기 때문이다. 미국 자본이 중국에 진출한 목적은 주로 내수 시장에서 돈을 벌기 위해서이다. 반면 중국의 투자는 미국 기업이 보유하고 있는 기술과 지적 재산권, 브랜드를 확보하는 것을 목표로 하고 있다. 미국 기업을 직접 사들이거나 일부 지분을 매입하는 방식을 선호해온 배경이다.

미국의 위기의식은 강력한 '방어망' 가동으로 나타나고 있다. 기술 유출 차단을 위해 중국 기업의 미국 기업 인수나 지분 매입에 대해 촘촘한 그물망을 설치했다. 그 전면에 내세운 게 외국인 투자위원회CFIUS. 미국 정부는 관련 법을 개정해 CFIUS의 권한을 강화했다. 중국의 기업 인수나 지분투자가 국가안보에 영향을 미치는지를 심사하고, 필요할 경우 제재를 할 수 있도록 했다.

외국인 투자에서 미국과 중국은 디커플링이 가능할까? 상반된 두 가지의 흐름이 예상된다. 미국은 중국으로의 기술 유출을 적극적으로 차단하고 있다. 중국 스지그룹이 소프트웨어 기업인 스테이앤터치에 투자하려고 하자, 트럼프가 미국 시민의 개인 정보 수집이 우려된다는 이유를 들어 투자 철회 명령을 내린 게 대표적 사례다. 화웨이가 미국 기술을 쓰지 못하도록 '기술 거리두기'를 본격화한 것도 같은 맥락에서 볼 수 있다.

문제는 소프트웨어와 하드웨어가 각각 사정이 크게 다르다는 데 있다. 소프트웨어의 경우 대중 판매액이 미국 관련 기업 매출의 3%에 그쳐 거래를 끊어도 별다른 피해가 없다. 하드웨어는 미국으로서도 고민이 클 수밖에 없다. 1조 달러 규모의 미국 공장들이 현재 중국에서 가동되고 있다. 예컨대 애플은 5G 스마트폰을 주로 중국에서 생산하고 있다. 하드웨어에서의 디커플링은 미국 기업에도 큰 피해를 줄 수 있어 감정대로 움직이기 어렵게 돼 있다. 좀 더 큰 틀로 보면 미국 기업의 전반적인 대중 투자는 미국으로서도 쉽게 손대기 어려운 상황이다. 현재 중국 내 많은 미국 기업은 대규모 중국 내수 시장에서 매출과 이익 극대화를 위해 영업활동을 하고 있다. 특히 중국이 내수 주도의 성장전략으로 선회하면서 사업 기회가 더욱 커질 것으로 예상되고 있다. 이런 중국 시장에서 발을 빼는 것은 미 기업엔 '자해 행위'나 다름없다. 그렇기에 '중국을 떠나라!'라는 미 행정부의 말은 압박용일 뿐 현실적 이익의 방향추는 그쪽으로 움직이기 어려운 게 냉정한 현실이다.

하지만 미국에서 중국으로 들어가는 첨단부품의 공급 파이프라인은 크게 축소될 공산이 크다. 미국으로선 그다지 피해가 크지 않고 기술 우위를 지키기 위한 필수적 포석이기 때문이다. 중국은 타격이 작지 않을 것으로 보인다. 미국 등 해외 부품에 대한 의존도가 높아서이다. 맥킨지 분석을 보면 반도체, 항공, 로봇, 클라우드 서비스, 스마트폰 등 중국 주요 산업의 해외 부품 의존도는 50%를 웃돌고 있다. 미국의 '기술 봉쇄'가 가시화되자 중국은 발등에 불이 떨어졌다. 기술 자립을 위한 '대장정'에 대규모 자금을 투입하는 등 국가자원을 총동원하고 있다. 당초 10년 정도 걸릴 것으로 보이던 첨단부품 국산화 작업이 크게 앞당겨질 것이라는 예측이 나오고 있다.

말보다 주먹이 가깝다고 한다. 하지만 미국이 중국에 쓰고 싶어 하는 그 '주먹'도 미국이 다치지 않고 중국만 상처를 입혀야 사용할 수 있다. 미·중 양국은 과거 미국과 옛 소련의 관계와 다르게 워낙 밀접하게 얽혀있다. 자국은 타격을 받지 않고 상대에게만 피해를 주는 '경제 전면전의 수手'는 존재하지 않는다. 따라서 미국의 중국 '옥죄기'는 자국의 타격이 작은 부분에 집중되고, 피해가 큰 부분은 엄포를 놓는 목소리만 큰 분위기가 될 가능성이 크다.

종합하면, 대중 수입과 투자 축소는 미국에도 적지 않은 부담이 된다. 물가 상승으로 미국 소비자가 피해를 보거나 미국 기업이 중국 시장을 잃는 잘못을 범하게 된다. 미국이 쓸 수 있는 카드는 기술과 부품 디커플링이다. 중국의 기술과 부품 도입 창구를 좁혀 기술 패권 경쟁에서 우위를 유지하기 위한 포석이다. 대중 수입이나 투자는 양국이 당장 결별하는 게 어려워 시간을 두고 의존도를 낮춰가는 방향으로 변화가 일어날 것으로 예상된다. 경제적으로 깊숙이 맞물려온 양국 관계는 그 시간의 길이와 깊이만큼 하루아침에 모든 면에서 갈라서는 것 또한 쉽지 않은 상황이 돼버렸다. 이 현실을 무시하고 양국의 충돌이 선을 넘어선다면 두 나라는 물론 세계 경제에도 또 다른 위기를 몰고 오는 도화선이 될 수 있다.

'미국몽美國夢', 제조업 르네상스

'중국몽中國夢'에 맞서는 '미국몽美國夢'의 공세가 파상적이다. 그동안 미 행정부와 미 의회가 미국의 산업 리더십을 되찾기 위해 내놓은 조치는 법과 행정 조치, 두 가닥으로 진행됐다. 먼저 바이든 행정부가 추진한 인플레이션 감축법IRA, 반도체 및 과학법, 인프라 투자법, 미국혁신 경쟁법 등이 큰 얼개인 '아메리칸 퍼스트 2.0'의 판을 구축하고 있다. 측면에서는 바이 아메리칸, 생명공학 및 바이오 제조 이니셔티브, 외국인 투자 규제 강화 등 행정명령이 미국 경제의 진군을 뒷받침하고 있다. 트럼프 행정부는 IRA 등 일부 정책에 수정을 가할 것으로 보인다. 하지만 미국의 산업 리더십 회복이라는 목표는 트럼프 행정부에서도 더욱 강화될 전망이다.

미국은 제조업의 실지失地를 회복하겠다는 '미국몽'을 분명하게 드러내고 있다. 그동안 미국에서는 산업정책이라는 말에 대해서는 소극적이거나 이를 거부하는 태도가 주류를 이뤄왔다. 정책이 경제에 지나치게 개입하는 것에 대한 견제 심리가 자리잡고 있었다. 이제는 분위기가 크게 바뀌었다. 중국이 제조 2025, 일대일로 등 대내외를 겨냥한 확장정책을 펴면서 미국의 턱밑까지 추격해 왔기 때문이다. 정부가 앞장서는 국가자본주의의 힘에 기댄 중국의 진격이 위협적인 만큼 미국도 정부가 팔을 걷어붙이고 제조업 리더십을 부활시키겠다는 맞대응 전략을 펴고 있는 것이다. 미·중 산업정책의 격돌이다.

미국 정부의 이 같은 정책 선회는 갑자기 일어난 것이 아니다. 오래된 깊은 논의 속에서 정책의 판이 움직여온 결과이다. 이 변화의 과정을 들여다봐야 앞으로 미국 산업정책의 방향타를 잘 가늠해 볼 수 있다.

39년을 거슬러 올라가 보자. 1986년 말 미국 매사추세츠공과대학MIT은 산업생산성 위원회를 출범시켰다. 미국의 산업적 성과가 심각하게 퇴조해 국가 경제의 장래가 위협을 받고 있다는 위기의식에 따른 것이었다. 3년 후인 1989년, 이 위원회는 '메이드 인 아메리카'(부제: MIT가 진단한 미국 경제 재건을 위한 처방)'라는 제목의 책자를 펴냈다. 이 책은 미국 제조업의 취약점을 조목조목 짚고 있다.

경영자들이 단기적 목표에 너무 집중하고 있고, 노동력의 질적 수준이 떨어졌으며, 인적 자원이 경시되고 있는 등의 문제점을 망라했다. MIT는 정책 처방전으로 기초연구 투자, 현대적 설비와 공정 엔지니어링에 대한 지원 강화, 혁신에 방해가 되는 장애물 제거 등을 제안했다. 이 대학교는 2010년대 들어서는 '메이킹 인 아메리카'라는 비슷한 제목의 새 책을 출간해, 쏟아져 들어오는 중국 제품에 대항하려면 제조업의 부흥이 필수적이라는 점을 미국 정부에 피력했다.

제조업의 중요성에 대한 경각심을 일깨우는 이런 흐름이 이어지는 가운데 2008년의 금융위기는 미국이 제조업을 바라보는 시선을 크게 바꾸게 되는 계기가 된다. 당시 서브프라임모기지 사태로 야기된 경제 위기의 와중에서 미국의 간판급 자동차 회사인 GM과 크라이슬러는 빈사 상태에 놓였다. 결국 정부가 직접 긴급 자금을 수혈하면서 이들 회사는 기사회생한다. 상황이 악화되면 문제가 보이는 법. 오바마 행정부는 제조업이 공동화라는 심각한 중병에 걸려있음에 주목하게 된다. 실제로 2001년부터 2011년까지 10년 사이에 사라진 제조업 일자리는 5백만 개에 달했다. 제조업의 실질 부가가치 성장률(연간)도 1990년대의 4.9%에서 1.4%로 뚝 떨어졌다. 병病의 원인이 어디에 있는지를 파악한 오바마 행정부는 2012년에 '제조업 르네상스'를 기치로 내걸고 제조업 부활 정책에 시동을 걸기 시작했다.

이 제조업 르네상스 정책이 가진 문제의식은 같은 해에 나온 개리 피사노 등 하버드 경영대학원 교수 두 명이 집필한 '왜 제조업 르네상스인가'라는 책에 잘 정리돼 있다. 이들 교수는 미국 제조업이 내리막길을 걷게 된 것은 전략의 오류에 따른 것이라고 진단하고 있다. 연구개발은 미국에서 하고, 제조는 생산비가 낮고 시장이 있는 해외로 넘기는 전략이 패착이었다는 것이다. 이들은 이와 관련해 '산업 공유지'와 '거리의 경제'가 산업 경쟁력의 원천이라고 강조한다. '산업 공유지'는 기술과 지식, 경험 등을 공유하는 공급업체, 고객사, 숙련 근로자, 대학 등을 한데 묶은 개념이다. '거리의 경제'는 이들이 지리적으로 가까운 곳에 있어야 활발한 소통을 할 수 있고 이를 통해 경쟁력 강화의 시너지 효과가 극대화한다는 것이다.

하지만 미국 제조업체들은 이와 정반대의 길을 걸었다. 그 결과 산업 공유지와 거리의 경제가 가져오는 상승효과가 사라지면서 제조업의 경쟁력이 취약해졌다. 심지어 미국에 남겨뒀던 연구개발 기능마저 제조망이 있는 해외로 이동시켜야 하는 일도 벌어졌다. 코닥이 대표적 사례이다. 세계 최초로 디지털카메라를 개발한 코닥은 완성품과 부품의 제조에 필요한 공급망을 일본 등 아시아 지역으로 옮겼다. 문제는 연구개발과 제조 활동이 서로 멀리 떨어져 있는 데서 오는 '동맥경화증'이 가시화하자, 아예 연구개발 기능마저 아시아로 이전할 수밖에 없었다.

결국 미국은 해외 이전이 가져온 제조업의 공동화가 경제 안보 위기를 가져왔다는 것을 깨닫게 됐다. 민주당 정부의 정책을 대부분 폐기했던 트럼프 1기 행정부가 제조업 르네상스 정책만을 존속시켰던 이유이기도 하다. 이 같은 제조업 중시 정책의 기조는 바이든 행정부에서도 그대로 이어졌다. 특히 코로나19와 글로벌 공급망의 혼란 사태를 계기로 바이든 행정부는 미국 안에 위치한 제조업의 중요성을 절감했다.

미국 제조업이 전체 국내총생산GDP과 직접 고용에서 차지하는 비율은 각각 11%와 8% 수준이다. 하지만 기업 연구개발 투자 중 비중이 70%에 달하고 있으며, 수출의 60%, 생산성 증가율의 35%, 자본투자의 20%를 차지하고 있다. 중요도가 그만큼 큰 산업이다. 이렇게 보면 미 행정부가 펼치고 있는 산업정책은 제조업 르네상스를 대폭 강화한 확장 버전이라고 할 수 있다. 즉, 개별 정책들의 수면 밑에서는 중국을 제치고 제조업 리더십(현재 제조업 순위 1위 중국, 2위 미국)을 확보하려는 미국의 그랜드 플랜 '미국몽'이 작동하고 있는 것이다. 리쇼어링이든 프렌드쇼어링이든 핵심은 미국 제조업의 부활 그 이상도 이하도 아니다. 그런 만큼 필요할 경우, 같은 맥락의 입법과 행정 조치들이 이어질 공산이 크다.

그렇다면 이런 산업 기류의 변화에 한국경제는 어떻게 대응해야 할까? 현재 국회에서는 당장 발등의 불로 떨어진 반도체산업 경쟁력 강화법조차 통과시키지 못하고 있는 상태이다. 글로벌 무대에서 미국과 중국을 중심으로 산업정책을 내세운 제조업의 '한 판 승부'가 본격화하고 있는 상황에 비춰볼 때 안이한 대응이라고 아니할 수 없다. 중요한 점은 제조업에 대한 시선을 바꿔야 한다는 점이다. 제조업은 이제 경제 자체를 넘어 경제 안보의 주축이 된 상황이다. 반도체 등 제조업에 대한 지원을 특혜로 본다면 이는 단견에 불과하다. 특혜가 우려된다면 대기업과 중견·중소기업의 동반성장을 담보하는 조치로 보완하면 될 일이다. 제조업이 국가 경제의 명운을 좌우하는 시대이다. 발상의 전환이 필요함을 미국이 잘 보여주고 있다.

구멍 난 미국의
혁신 경쟁력

지난 2019년 1월 3일 자 타임지에 '미국은 어떻게 혁신의 경쟁력을 잃고 있는가?'라는 제목의 글이 실렸다. 필자는 월터 이삭슨 튜레인 대학 교수. 이 글은 경쟁력에 '빨간 불'이 켜진 미국 경제의 실상을 그대로 드러냈다.

이삭슨 교수의 진단은 이랬다. 지난 50년 동안 미국 경제가 활기를 띤 것은 컴퓨터, 마이크로칩, 그리고 인터넷, 이 세 가지의 혁신에 따른 것이고, 이는 정부와 대학, 민간 기업 간의 '삼각三角 동맹'이 연구개발을 공동으로 추진해 온 결과다. 예컨대 최초의 컴퓨터는 국방부의 자금 지원, 펜실베이니아 대학과 하버드 대학의 제작, 그리고 IBM과 유니백 같은 기업의 상업화로 세상에 선을 보였다.

하지만, 이 삼각 동맹에 큰 균열이 생겼고 이게 미국 경제의 경쟁력을 약화시키는 원인이 됐다. 무엇보다 연구개발에 대한 연방 정부의 지원이 크게 줄어들었다. 1976년에만 해도 GDP(국내총생산)의 1.2%였던 것이 2016년에는 0.8%로 급감했다. 실제로 오바마 행정부 시절인 2011년부터 2015년까지 연방 정부의 대학 연구 활동에 대한 지원은 13%나 감축됐고 트럼프 행정부도 이를 추가로 삭감했다.

민간기업의 연구개발 투자에도 문제가 생겼다. 절대 금액이 늘긴 했지만, 제품 개발과 직결된 연구에만 초점이 맞춰졌을 뿐 기초과학 연구는 소홀히 취급됐다. 단기 투자자들이 수익률 제고를 압박하자 기업들은 오히려 연구소 문을 닫기까지 했다.

미국이 이렇듯 '자해 행위'를 하는 사이, 중국은 미국의 '과거 모델'을 그대로 모방했다. 정부가 연구개발에 대규모 자금을 투입하고, '정부+기업+대학'의 삼각 동맹을 가동했다. 인공지능 스타트업에 대한 지금 지원이나 딥 러닝 논문 등 실적에서 중국이 미국을 추월한 건, 이같이 엇갈린 양국의 정책 탓이라는 지적이다.

그 결과 한때 글로벌 무대를 주름잡았던 미국 제조업은 내림세를 거듭했다. 성장률(실질 부가가치 기준)이 1990년대의 4.9%에서 지난 20년 동안에는 1.4%로 뚝 떨어졌다. 제조업의 무역적자 폭은 최근 10년 동안에 두 배로 급증했다.

최근 핫이슈가 되고 있는 미국 반도체 산업은 제조업의 쇠퇴를 잘 보여주는 대표적 사례라고 컨설팅기업인 맥킨지는 지적하고 있다. 미국은 반도체 설계에서는 여전히 세계 선두를 지키고 있다. 하지만 차세대 반도체 생산에서는 다른 나라에 뒤처져 있다. 현재 글로벌 반도체 생산량에서 미국의 점유율은 불과 12%에 그치고 있다. 1990년의 37%에서 크게 낮아진 수준이다. 미 반도체 산업의 위상 추락을 그대로 보여주고 있다.

10년 반도체 장기전, 미국의 노림수는?

최근 미국은 반도체 문제에 대해 다급한 모습을 보이고 있다. 미 정부는 직접 팔을 걷어붙이고 삼성 등 외국 반도체 기업에 미국에 대한 투자 확대를 압박했다. 미 의회도 행정부의 움직임에 보조를 맞췄다. 민주 공화 양당은 반도체 산업을 지원하기 위한 법안 '칩스 포 아메리카CHIPS for American Act'를 통과시켰다. 이 법은 향후 5~10년 동안 반도체 제조와 연구개발을 지원하고 장비 구매에 대해 세액공제 혜택을 주는 등 다양한 '긴급 수혈' 방안을 담고 있다.

미국이 이같이 '거국적'으로 반도체 구하기에 나선 것은 반도체가 국가적 전략 산업인 데다 중국의 '반도체 굴기'를 강력하게 견제해야 한다는 판단 때문이다. 미국은 반도체를, 경제는 물론 국가안보에 전략적으로 중요한 자원으로 보고 있다. 미국이 현 상황에서 아무런 조처를 하지 않으면 2030년에 미국의 반도체 생산 점유율은 10%로 더 떨어지지만, 중국의 점유율은 24%로 상승할 것으로 내다보고 있다.

사물인터넷, 5G, 자율주행차 등으로 가시화될 초연결의 세계에서 '산업의 쌀' 또는 '21세기 석유'로 불리는 반도체 패권을 중국이 쥐게 되는 상황은 미국에는 바로 안보의 위협 그 자체가 될 것이다. 미 의회의 한 조사 보고서는 이 같은 두려움을 그대로 담고 있다. 이 보고서는 "중국의 국가 주도 반도체 정책이 성공적으로 시행되면 미국은 기술 리더십을 상실하는 상황에 직면하게 될 것으로 많은 하원의원과 정책 당국자들이 우려하고 있다"라고 전하고 있다.

여기에서 한 가지 중요한 점에 눈을 돌려야 한다. 현재 미국 정부가 본격화하고 있는 '친 반도체 산업' 정책은 발등의 불로 떨어진 문제에 대응하기 위한 응급대책이 아니라는 점이다. 미국 정부는 이미 수년 전부터 세밀한 분석과 진단을 통해 반도체 산업의 장기 리더십을 회복하기 위한 중장기 대책을 수립해 왔다. 트럼프 1기 행정부의 화웨이 규제 등 대중 강공이 언뜻 돌출 행위로 보이기도 했지만, 그 이면에는 이 정책이 가동되고 있었다. 바이든 행정부가 같은 맥락의 정책 기조를 이어간 것도 이런 이유에서이다. 이와 관련, 지난 2017년 1월에 대통령 과학기술자문위원회(에릭 슈미트 알파벳 회장 등 재계 및 학계 인사 참여)가 백악관에 제출한 반도체 산업 관련 보고서를 주목할 필요가 있다. 실제 정책에 청사진 역할을 하는 것처럼 보이기 때문이다.

이 보고서는 미 반도체 산업의 실지회복失地回復을 위해 미국이 세 가지 정책을 추진할 것을 제안하고 있다. 첫째는 중국에 대한 강력한 견제이다. 이 위원회는 미 행정부가 세계무역기구WTO나 미·중 양국 간 협의체를 통해 중국이 약속한 공정하고 투명한 산업정책을 준수하도록 압박할 것을 권고했다. 동맹국과 연대해 대중 수출 및 투자 규제를 시행하는 방안도 제시됐다. 이는 현재 미국의 정책으로 그대로 가시화되고 있다.

두 번째 정책안은 미국 내 반도체 기업을 위한 환경 개선이다. 국내외 인재의 유치 지원, 연구개발 투자 확대, 설비투자에 대한 세액공제 확대 등을 위한 세법 개정, 공장 설립 허가 기간 단축 등 세세한 정책이 망라돼 있다. 미 의회에서 통과된 '칩 포 아메리카법'이 이 같은 제안을 상당 부분 수용한 것으로 보인다. 마지막 제안은 더 근본적이다. 과학기술 자문위는 데이터 처리 속도를 개선하는 현재의 경쟁은 한계에 직면할 것이라고 보고, 첨단 소재 과학과 우주기술 등 새로운 영역에 과감하게 도전하는 '문샷 씽킹moonshot thinking'을 통해 미국이 초격차의 반도체 리더십을 확보할 것을 주문했다. 또 이 목표를 달성하기 위해 10년 앞을 내다보는 안목으로 관련 정책을 추진하고, 정부와 기업, 학계 간의 협업도 강화해야 한다고 지적했다.

이렇게 보면 미국은 그동안 반도체 경쟁력의 약화를 가져온 연구개발 투자 감소와 '삼각 동맹' 균열 문제를 해결하는 게 반도체 재기再起를 가져오는 길임을 정확하게 인지하고 있다. 실제로 미 행정부는 "미국은 항상 반도체 개발의 리더였지만 수년 동안 낮은 수준의 투자를 함으로써 경쟁력을 해쳤다"라고 자인하고 있다.

결국 미 행정부의 반도체 정책은 현안을 해결하기 위한 단기적 대책이나 중국을 견제하는 데만 초점을 맞춘 정책이 아니다. 10년 앞을 내다보는 장기적 관점에서 주도면밀하게 추진돼 온, '반도체 르네상스 복원'을 위한 포석이다. 앞으로도 추가 대책이 이어지는 등 관련 정책이 오랜 기간 계속될 전망이다. 미국 반도체 협회SIA는 최근 향후 10년 동안 미국 정부의 지원이 지속적으로 이뤄지면 지난 30년 동안 이어져 온 반도체 산업의 하강 추세가 상승세로 반전될 것이라는 기대 섞인 전망을 내놓았다. 정부와 민간에서 한목소리로 "우린 다 계획이 있다"를 외치고 있다.

이제 반도체는 각기 다른 이유로 각국의 안보 이슈로 떠올랐다. 미국은 향후 글로벌 경제패권을 좌우할 4차 산업혁명 경주에서 반도체가 산업의 '혈맥'이 될 것으로 보고 반도체를 국가 안보 차원에서 대응하고 나섰다. 반도체 강국의 자리를 노리던 중국은 기술과 장비에 대한 해외 의존도가 높은 상황에서 본격화된 미국의 '일격'에 초비상이 걸렸다.

우리는 어떤가? 수출의 20%를 차지하는 반도체는 한국경제에 '효자' 노릇을 톡톡히 하고 있지만, 바로 이 점 때문에 자칫 대형 리스크를 가져올 수 있는 요인이 될 수 있는 역설적 상황이다. 우리에게도 반도체가 경제 안보 이슈인 이유이다. 이런 점에서 반도체 특별법을 포함해 적극적인 지원 방안이 실행돼야 한다. 미국이 '동맹 연대'를 말하면서도 다른 한 편으로 '반도체 장기전'의 깃발을 든 만큼, 서두르는 것보다는 포괄적이고 정교한 대책이 마련되는 게 중요하다고 본다. 정부와 정치권, 민간 전문가들이 머리를 맞대고 한국경제의 안정적 순항을 위한 중장기적인 반도체 산업정책을 마련했으면 한다. 이 같은 '도상 계획'이 세워진 이후 관련 입법이 속도감 있게 이뤄지는 게 좋을 듯하다. 무엇보다 우리도 미국의 경우처럼 정부와 기업, 학계의 '삼각 동맹'을 구축하는 등 국가적 총력 체제가 가동돼야 할 것이다.

탈 중국,
말과 현실 사이에서

애플의 최고 경영자 팀 쿡. 그는 지난 2019년 이래 중국에 자주 가지 않는다고 한다. 팀 쿡은 지난 2022년 5월 미국 실리콘 밸리에 있는 쿠퍼티노 애플 본사에서 팜민찐 베트남 총리와 만났다. 애플은 베트남에서 맥북 노트북의 생산에 들어갔다. 이에 앞서 2021년 9월에는 인도에서 신형 모델인 아이폰 14를 생산하기 시작했다. 중국 일변도로 공급망을 관리해 온 애플이 미국과 중국의 긴장이 고조되는 국면에서 전략적으로 베트남과 인도를 중시하기 시작했음을 보여주는 사례이다. 하지만 애플의 고민은 깊다. 일부 제품의 조립기지를 중국 밖으로 옮기고 있지만, 중국이 다른 나라가 대체할 수 없는 강점이 있어서이다. 팀 쿡은 "중국에는 숙련된 근로자와 정교한 수준의 로봇, 그리고 컴퓨터 과학 등이 있는데 이를 다른 곳에서 찾기는 어려운 상황"이라고 실토하고 있다.

최근 미국과 중국의 관계를 놓고 자주 언급되는 어휘 중 하나는 디커플링이나 탈중국이다. 과거 냉전 국면 때 미국과 옛 소련이 그랬던 것처럼 미·중 양국이 각자의 진영으로 '헤쳐 모여'하면서 서로 등을 돌릴 것 같은 분위기가 조성되고 있다. 실제는 어떨까? 두 나라 간의 무역 동향을 보면 수출입이 축소되는 경향이 뚜렷하게 나타나고 있다. 먼저 전체 교역. 2017년에만 해도 중국은 미국의 1위 통상 국가로 교역 비중이 16.4%에 달했다. 하지만 2024년에 이 수치는 10.9%로 낮아졌고 중국의 위상도 3위로 떨어졌다. 이를 수출입으로 나눠서 보자. 같은 기간 동안 미국의 대중 수입 비중은 21.6%에서 13.4%로 하락했다. 대중 수출도 8.4%에서 6.9%로 줄어들었다. 이 기간에 미국의 대중 무역적자 폭은 3,752억 달러에서 2,954억 달러로 줄어들었다.

문제는 이를 미국과 중국의 디커플링 움직임으로 볼 수 있느냐이다. 답은 그리 선명하지 않다. 미국의 대중 수입 추이를 들여다보자. 사상 최대치였던 때는 2018년으로 5,385억 달러 규모였다. 이게 2024년에는 4,389억 달러로 감소했다. 대중 수입이 하락세로 돌아선 것은 트럼프 1기 행정부 당시부터 상당수 중국 제품에 고율의 보복 관세가 부과되기 시작했기 때문이다.

하지만 대중국 수입의존도는 여전히 만만치 않은 수준이다. 관세 부과 대상이 아닌 중국 제품들이 많이 미국으로 들어가고 있는 데 따른 것이다. 이들 품목의 수입은 무역 전쟁 이전보다 50% 이상 늘어나 전체 대중 수입품 중 47%를 차지하고 있는 것으로 집계되고 있다. 대표적인 제품은 노트북, 컴퓨터 모니터, 전화기, 비디오게임 콘솔, 장난감이다. 코로나19의 확산에 따른 재택근무 증가로 이들 상품에 대한 수요가 많이 늘어난 것이 수입 급증의 주요인이다.

이렇게 보면 디커플링 논의에 대한 진단이 어느 정도 가능해진다. 목소리는 크지만, 경제 현실은 그리 녹록지 않다고 할 수 있다. 중국이 지난 2001년 세계무역기구WTO에 가입해 국제무역체제에 편입된 게 벌써 24년이다. 긴 세월 동안 미·중 양국 경제는 서로 긴밀하게 얽혀왔다. 상호 교역이 거의 없었던 미·소 냉전과 유사한 신냉전은 현실적으로 가능하지 않은 시나리오이다. 자신은 멀쩡한 채 상대에게만 상처를 입히는 수는 존재하지 않는다. 치러야 할 비용이 크다.

국제통화기금IMF은 세계 경제가 미·중 상호 대립 체제로 재편

되면 전 세계 국가들의 국내총생산GDP이 매년 1.5% 감소할 것이라고 경고했다. 미국 외교 전문매체인 포린 폴리시는 "경제적 디커플링은 무리한 주문"이라고 맞장구를 쳤다. 미국 상공회의소를 비롯한 재계도 디커플링에 대해 반대의 목소리를 내고 있다. 한 미국 기업인은 "중국에 들어가서 13년을 보냈는데 지금에 와서 빠져나가는 것은 불가능하다"라고 말하고 있다.

그렇다면 디커플링은 허장성세虛張聲勢인가? 실제보다 더 부풀려 얘기되고 있다. 중국에 대한 미국의 거친 공세는 기세가 등등하지만 '전면적인 대중 거리두기'를 위한 것은 아닌 것으로 보인다. 중국의 추격 속도에 제동을 걸기 위해 중국의 급소인 첨단기술을 봉쇄하려는 '부분적인 기술 디커플링' 전략이라는 시각이다. 화웨이 등 중국 IT업체에 대한 제재, 중국의 반도체 생산 및 개발 능력을 제한하려는 반도체 지원법, 글로벌 배터리 공급망 안에서 중국의 영향력을 억제하려는 인플레이션 축소법이 모두 같은 맥락에서 취해진 조치들이다.

미·중 간의 긴장이 높아지면서 우리나라에서도 탈 중국 얘기가 종종 나오고 있다. 이게 가능한 일일까? 2024년 기준 대중국 수출은 전체 수출의 19.5%를 차지했다. 수출의 5분 1 가까이가 중국으로 이뤄지고 있다. 이는 우리에게 필요한 전략이 지나치게 높은 대중 의존도를 낮추는 '감減 중국'이지 디커플링이나 탈중국은 아니라는 점을 말해주고 있다. 물론 부분적으로 중국 내 생산공장을 베트남 등 지역으로 옮기는 '중국+1' 전략을 추진하고 미국이 추진하는 '기술동맹'에 참여하는 일은 불가피할 것이다.

하지만 미국도 나서지 않고 있는 전면적 디커플링이나 탈중국은 우리의 선택지가 될 수 없다. '감 중국'에 집중하는 게 바람직하다. 이와 관련해, 미국의 피터슨 국제경제연구소는 한국 기업에 대해 대중 중간재 의존도를 축소하고 수출선과 투자 지역을 중국 외 국가로 다변화하며 국내 투자를 확대할 것 등을 권고했다. '감 중국' 전략의 핵심이다.

여기에서 짚어볼 점은 대중 의존도를 어느 선까지 낮추는 게 적절할까, 하는 것이다. 현재 GDP 기준으로 중국이 세계 경제에서 차지하는 비중은 16~18% 선이다. 필자는 글로벌 경제에서의 중국 경제의 몫이 의존도의 적정선이라고 본다. 동남아시아를 비롯한 다른 수출 시장의 저변을 넓히는 등 적극적 대응으로 이를 하향 조정할 필요가 있다. 그러면서도 대중 수출의 구성 품목에 큰 변화를 줘야 한다. 중국의 수입대체 전략으로 중간재 수출 전망이 밝지 않은 만큼 성장 가능성이 큰 내수 소비재 시장을 '대체 시장'으로 보고 파고들어야 한다.

더 본질적으로는 미국과 중국 사이에서 '샌드위치' 입장이 된 한국경제의 안정적인 생존 및 성장 전략이 긴요하다. 다양한 대책이 실행돼야 하겠지만 핵심은 10위권 경제 강국으로서 한국이 미·중 양국이 필요로 하는 기술과 상품, 그리고 일자리 등을 제공하는 경협 파트너가 되는 길일 것이다. 어느 한쪽에 과도하게 기울지 않고 균형을 잡아도 함부로 대할 수 없는 '고슴도치' 같은 존재가 돼야 하며 최대의 무기는 초격차 기술 강국으로서의 위상 확보일 것이다. 소규모 개방경제인 한국으로선 안미경중安美經中은 물론 경미경중經美經中은 피할 수 없는 숙명이다. 미·중 대결 구도를 잘 헤쳐 나가는 방법은 경제를 잘하는 길밖에 없다.

국제무역의 '나이키화化'

글로벌 공급체인, 즉 가치사슬GVC은 이인삼각二人三脚 경기와 비슷하다. 물론 참여자는 훨씬 많다. 상품 기획에서부터 판매까지 각 단계가 국가별로 흩어져 있다. 다리가 같이 끈으로 묶여 있다 보니, 한쪽이 넘어지면 다른 쪽도 같이 넘어지기에 십상이다. 코로나19 경제 쇼크의 와중에서 GVC는 앞뒤로 각각 무너지는 도미노와 같았다. 바이러스 확산으로 근로자들이 공장에서 모일 수 없게 되자, 가치사슬의 앞과 뒤가 모두 마비되고 무너졌다. 특히 공급체인의 허브, '세계의 공장'인 중국 공장의 가동 중단은 전례 없는 공급 충격의 강진을 가져왔다. 저임금과 거대 시장의 맛에 취해 중국에 과도하게 의존해 온 게 얼마나 위험한지를 각국은 절감하게 됐다.

'나이키화化'. 국제분업체제를 상징하는 말이다. 나이키는 연구개발과 디자인은 미국에, 직물과 고무 생산은 대만과 중국에, 최종 신발 제작은 중국, 인도, 필리핀에, 그리고 마케팅과 유통은 미국과 유럽에 맡기는 식으로 가치사슬을 분산, 배치해 왔다. 이 같은 형태의 GVC는 선진국과 개도국 모두에 '형님 좋고 매부 좋은' 일이었다. 선진국 기업은 개도국의 저임금을 활용해 경영을 효율화하고, 중국과 인도 등 거대 시장에도 손쉽게 접근할 수 있었다. 개도국은 경제 성장, 일자리 창출, 기술 이전 등 다양한 혜택을 누렸다.

GVC는 세계화의 진전으로 무역장벽이 낮아지는 등 긍정적 환경 변화가 생기면서 더욱 확산됐다. 세계 무역량의 3분의 2 이상이 GVC를 통해 이뤄졌다는 게 세계무역기구WTO의 분석이다. GVC 확산으로 가장 큰 득을 본 나라는 중국이다. 중국은 2001년 WTO 가입을 계기로 GVC의 한복판으로 뛰어들었다. 임금수준이 낮고 내수 시장이 큰 장점을 최대한 활용했다.

현재 외국 기업에 다양한 혜택을 주는 지역이 전 세계적으로 5,383개가 운영되고 있다. 이 중 47.2%인 2,543개가 중국에 있다. 특히 미국의 대중국 투자는 미·중 무역마찰이 한창이었던 2019년에도 테슬라의 상하이 공장 건축 등에 따라 140억 달러로 오히려 늘어났다. 중국은 경제 규모(명목 GDP)가 미국에 7조 달러 정도 뒤처져 있다. 하지만, 제조업은 미국은 제치고 최강국 자리를 유지하고 있다. GVC 덕을 톡톡히 누려온 것이다.

모두가 사슬로 묶인 국제분업체제는 상호 신뢰와 호혜적 관계가 중요하다. 이 기반이 흔들리면 구조 자체가 불안해진다. 코로나19 사태가 일어나기 전부터 이런 조짐은 뚜렷했다. 공급 체인을 무기화하는 흐름이 가시화됐기 때문이다. 미국 정부가 자국 기업들이 화웨이와 거래하지 못하도록 한 것이나 일본이 한국 대법원의 과거사 판결에 대한 보복 조치로 반도체 제조에 쓰이는 핵심 품목의 수출을 규제한 게 대표적 예다. 이런 상황에서 코로나19 사태로 인한 공급 쇼크가 전 세계를 강타하면서 GVC를 보는 각국의 시선이 크게 달라지고 있다. 비용 절감 등 효율성을 중시하던 전략에서 이제는 부품이나 기술 공급의 안정성을 확보하는 전략으로 선회하고 있다.

공급망 '중국+1'

글로벌 공급체인GVC의 향후 변화 방향과 관련해 최근 자주 언급되고 있는 선택지는 아예 공장을 중국에서 본국으로 옮겨버리는 리쇼어링이다. 트럼프 행정부는 미국 기업의 본국 '회귀'를 위해 인센티브 제공은 물론 늘 그렇듯 노골적인 압박도 병행하고 있다. 중국 의존도가 유난히 높아진 유로존은 이젠 '전략적 자립경제'를 이루자는 논의를 시작했다. 모디 인도 수상은 인도가 새로운 경제자립의 시대에 들어섰다고 선언하기도 했다. 미국의 경우 앞으로 의료 장비와 의약품 등 전략 품목의 생산은 비용 증가 등 부작용이 따르더라도 중국에 의존하지 않고 미국 내 이전을 강행할 것으로 보인다.

미국 정부가 쓸 수 있는 초강수 중의 하나는 국가긴급경제권법에 따라 국가 비상사태를 선언해 미국 기업이 중국 제품을 구매하지 못하도록 규제하는 방안이다. 중국에 있는 미국 기업들은 직격탄을 맞기 때문에 중국을 떠날 수밖에 없게 된다. 트럼프가 이 방법까지 쓰게 되면 미·중 갈등이 최악으로 치달으면서 미국 또한 피해가 클 것이기 때문에 '칼집 속의 칼'로 남게 될 공산이 크다.

여기에서 짚어볼 문제는 기업들이 중국에서 본국으로 돌아가면 별다른 문제가 없을 것인가 하는 점. 아시아개발은행ADB의 분석 보고서는 시간이 좀 지나기는 했지만, 리쇼어링이 갖는 문제점에 대해 통찰력을 주고 있어 소개한다. ADB는 2007년~2009년에 중국에서 생산되는 아이폰의 마진을 62~64%로 추정했다. (표 참조) 아이폰 생산을 미국으로 옮긴다면 어떤 결과가 나올까?

분석 결과 마진율이 50%로 중국에서 생산할 때보다 14% 포인트가 떨어지는 것으로 나타났다. 인건비 상승 탓이다. 애플이 리쇼어링을 하면 미국 내 일자리가 늘어나고 무역적자가 축소되는 효과가 있을 것이다. 하지만 수익성 악화와 이에 따른 주가 하락 등 애플이 치러야 할 비용이 만만치 않다. 애플은 수익성 회복을 위해 가격 인상을 할 가능성이 크고, 이는 소비자의 부담 증가로 이어지게 된다. 리쇼어링은 국익이냐, 기업과 소비자의 이익이냐를 선택하는 문제로 귀결된다. 기업과 소비자 이익을, 국익을 이유로 지속적으로 희생시키는 것은 공감대를 얻기가 쉽지 않은 일이다. 생각만큼 리쇼어링이 확산하지 않을 가능성도 있다고 보는 이유이다.

표3 아이폰 마진 현황 단위: 달러, %

	2007년	2008년	2009년
아이폰 가격	600	500	500
단위 제조비용	229	174.33	178.96
마진	371	325.67	321.04
마진율	62	65	64

자료: ADB

다음으로 예상되는 GVC 변화 방향은 인도와 베트남 등 인건비가 더 낮은 지역을 '제2의 중국'으로 삼는 방안이다. 중국에서 만든 제품을 수출하는 기업들이 이 방법에 눈을 돌릴 것으로 보인다. 인건비 수준이 중요한 섬유와 가공업 등도 이런 선택을 할 가능성이 크다. 현재 중국 수출 중 외국 기업이 차지하는 비중은 30%에 이르는 것으로 맥킨지는 추산하고 있다. 이들 기업이 탈중국 대열에 선다면 중국 수출에 부정적 영향은 불가피할 것이다.

저임금 지역으로 공장을 옮기거나 리쇼어링을 하는 것은 공급체인의 안정성을 우선시하는 전략이다. 하지만 기업 입장에서 보면 중국을 떠나는 것은 말처럼 쉬운 일이 아니다. 중국의 거대한 내수시장에서 멀어지는 데다 우수한 중국의 제조 기술을 활용하지 못하는 불리한 점이 생기기 때문이다. 그래서 중국 잔류를 선택하는 기업도 적지 않을 것이다.

조사 결과를 보면 24%의 미국 글로벌 기업이 부품 조달 창구를 중국 밖으로 옮길 계획인 것으로 나타났다. 이를 뒤집어 보면 아직도 76%의 기업이 중국 내 공급 체인을 여전히 선호하고 있다는 얘기다. 독일의 아디다스는 아예 '역리쇼어링'의 움직임을 보여 주목을 끌고 있다. 아디다스는 공정이 자동화된 독일 안스바흐와 미국 애틀랜타 공장을 폐쇄하고 생산 물량을 중국과 베트남 공장으로 전량 넘기기로 했다. 생산 노하우가 있고 부품 공급업체들이 있는 모여있는 지역이 얼마나 중요한지를 잘 보여주는 사례이다.

종합하면 지금 당장은 세계 각국이 전면적으로 탈중국을 할 것 같은 기세지만 현실은 말만큼 쉽지 않은 상황이다. 거대 시장과 생산 거점으로서의 중국의 경제적 가치를 포기하는 대가도 크기 때문이다. 더 이코노미스트는 최근 '굿바이 글로벌화Goodbye globalization'라는 제목의 표지 기사에서 '중국 + 1'이라는 새로운 현상을 예고했다. 중국에 '올인'해 온 공급체인이 이제는 '중국 + 동남아'로 다변화될 것이라는 말이다. 여기에 리쇼어링을 추가하면, GVC는 '중국 + 동남아 + 본국'의 형태로 재편되면서 중국 의존도가 낮아질 것으로 예상된다. 위험 분산을 위한 전략이다. 그래도 상당 기간 중국이 중심축이 되는 것은 어쩔 수 없을 듯하다.

 GVC에 이런 변화가 예상되는 상황에서 우리 정부는 '첨단산업의 세계공장'이라는 청사진을 제시했다. 세계 각국이 공통으로 느낀 것은 '공급 체인의 허브'인 중국에 대한 불안감이다. 한국이 앞으로 '첨단부품 공급의 중요 포스트'로서 실력을 키운다면 다른 나라에 공급체인 다변화의 폭을 넓힐 기회를 줄 수 있을 것이다. 일본의 무역 보복에 대한 대응으로 본격화된 '소부장'(소재, 부품, 장비) 산업 육성 전략이 중요한 열쇠를 쥐고 있다. 성과가 나오면 '첨단산업의 세계공장'으로 가는 물꼬가 열릴 수 있을 것이다.

중앙은행
디지털 화폐의 진로

중앙은행이 디지털화폐CBDC를 발행하는 방안에 대한 논의가 활기를 띠고 있다. 아예 현금을 없애고 '가상의 돈'을 만들자는 얘기이다. 중앙은행이 주체가 되는 일이어서 '빅이슈'이긴 하다. 하지만 아주 새로운 혁신이라고 보기 어려운 점도 있다. 이미 '○○페이' 등을 포함해 우리는 일상에서 디지털 결제에 익숙해져 있다. CBDC는 경제의 디지털화 과정에 뒤늦게 승차하려는 것이라고 할 수 있다.

언뜻 보면 모든 게 디지털화하는 세상인데 자연스러운 흐름이라고 볼 수도 있다. 문제는 CBDC 논의가 다층적多層的 측면이 있고, 장점과 더불어 리스크도 적지 않다는 데 있다. 왜 CBDC가 필요한지, 그리고 해외와 차별화된 '한국적 CBDC'는 무엇인지에 질문을 던져봐야 한다.

최근 들어 각국 중앙은행들은 디지털화폐를 적극적으로 검토하고 있다. 국제결제은행BIS은 보고서에서 조사 대상 65개 중앙은행 중 86%가 어떤 형태로든 연구나 실험을 하고 있다고 밝혔다. 바하마는 디지털화폐인 '샌드 달러'를 시범으로 하고 있고, 중국은 여러 지역에서 대규모 파일럿 테스트를 진행했다. 미국의 경우 보스턴 Fed는 MIT와 공동으로 소매 CBCD 연구를 본격화하고 있다. 이 같은 연구가 곧바로 '실행'을 의미하지는 않는다. CBDC의 발행을 위해서는 관련법 개정 등 제도 정비가 선행돼야 해 적지 않은 시간이 걸릴 것으로 보이기 때문이다.

국제통화기금IMF이 174개 회원국의 중앙은행법을 조사한 결과 현재 법적으로 CBDC를 발행하는 게 가능한 국가는 40%에 불과하다. CBDC 전담 조직을 출범시킨 한은은 최근 외부 연구용역 보고서를 발표했는데 한은이 디지털화폐를 시중에 유통하기 위해서는 한은법은 물론 민·형법 개정이 필요한 것으로 지적됐다. 현재 한은은 스테이블 코인(특정 자산의 가치에 연계된 암호화폐) 논의가 빨라지자 CBDC 2차 테스트를 잠정적으로 중단한 상태이다.

이렇듯 각국이 CBDC에 발을 담그고는 있지만, 그 속내는 각기 다른 게 현실이다. 가장 대표적이고 표면적인 CBDC 발행의 이유는 현금 사용의 급감이다. 소비자들이 현금 대신 디지털 통화를 선호하고 있으니, 중앙은행도 이를 수용하자는 것이다. 대표적인 국가는 스웨덴이다. 스웨덴은 현금 결제 비중이 13.0%(2018년)에 그치고 있다. 현금 결제를 거부하는 사례가 늘어나는 등 '현금 없는 사회'를 향해 빠르게 나아가고 있다. 스웨덴 정부는 이를 반영해 2017년부터 디지털화폐 발행을 위한 'e-크로나' 프로젝트를 실시해 오다가, 이를 연장해서 시행했다.

우리나라도 현금 사용 비중은 크게 낮아지고 있다. 여기에서 중요한 질문 하나를 던져본다. 현금 사용이 크게 줄어든 것은 CBDC 도입의 필요충분조건인가? 답은 '신중한 접근이 필요함'이다. 한은의 발표를 보면 6, 70대가 현금을 상대적으로 많이 쓰고, 특히 70대 이상은 현금 사용이 압도적이다. 이들 고령층은 디지털 통화가 나오면 피해가 우려되는 연령층이다. 디지털 활용에 익숙하지 못하기 때문이다. 은행 계좌가 없는 사람들에게 중앙은행이 직접 금융서비스를 제공하는 '금융포용'이 CBDC의 장점으로 지적되곤 한다. 하지만 이는 대부분 국민이 계좌를 가지고 있는 한국적 상황에선 현실적이지 않다. 오히려 디지털에 익숙한 계층과 그렇지 못한 계층에 차별이 생기는 '디지털 디바이드'가 더 이슈가 될 수 있다.

미·중 CBDC 경쟁은 어디로?

중국은 중앙은행이 디지털화폐인 CBDC 발행을 왜 추진하고 있는지를 잘 보여주고 있다. 중국 당국은 먼저 알리페이 등 민간의 디지털 통화가 시장을 주도해 가고 있는 것에 대해 견제하려는 의도가 있는 것으로 보인다. 더 큰 자극은 외부에서 왔다. 때는 2019년 6월. 세계적으로 27억 명이 넘는 사용자를 보유한 페이스북이 가상화폐인 '리브라'를 발행하겠다고 발표해 각국 중앙은행이 발칵 뒤집혔다. 이 계획대로라면 페이스북 이용자들은 블록체인을 통해 중앙은행이나 상업은행 등 중개 기관을 거치지 않고 리브라를 이용해 자유롭게 해외송금이나 결제를 할 수 있게 될 터였다.

이렇게 되면, 중앙은행이 통제할 수 없는 영역에서 대규모 자금이 국제적으로 이동하는 게 가능해져 통화정책의 유효성과 통화 주권에 큰 구멍이 생기게 된다. 당시 트럼프 행정부는 페이스북의 계획에 강하게 제동을 걸고 나왔다. 리브라 발행계획은 중단됐다. 어쨌든 중국으로선 '리브라'로 인한 통화 주권 훼손 가능성이 큰 위협으로 다가왔다. 디지털 화폐시장에서 통화 패권을 미국에 내줄 수 없다고 생각하게 된 것으로 보인다. 중국이 CBDC 발행을 준비하기 위한 보폭을 빨리 가져간 이유이다.

중국은 내친김에 디지털 위안화의 국제화를 위한 움직임도 본격화하고 있다. 중국은 국제은행 간 금융통신협회SWIFT와 디지털화폐 유통을 위한 합작법인을 설립했다. 의미가 작지 않은 '사건'이다. SWIFT는 국제 외환거래에 대한 정보를 은행들과 공유하는 기관이다. 미국 은행들이 국제 결제를 중개해 미국 금융 지배력의 핵심축으로 작동해 온 기구이다. 중국이 SWIFT와 손을 잡았다는 것은 달러패권의 안마당을 들여다본 것이나 다름없다.

중국이 이처럼 빠르게 움직여가자, 느긋하던 미국의 입장에도 변화가 생겼다. 미국은 종전에는 CBDC는 빨리하는 것보다 제대로 하는 게 중요하다며 관망하는 분위기였다. 그러나 지금은 중국이 '화폐 전쟁'을 걸어오는 조짐이 본격화되자, '적극 대응'으로 선회했다. 재닛 옐런 전 재무부 장관은 "중앙은행이 CBDC를 들여다보는 것은 바람직하다"라고 긍정적 입장을 나타냈다. 제롬 파월 FRB 의장은 한발 더 나아가 "디지털 달러 발행은 우선순위가 높은 일"이라고 강조했다. 결국 미국의 정책 변화는 중국의 공세에 대한 반작용으로 나온 것이다. 하지만 최근에 또 다른 변화의 기류가 감지되고 있다. 중국은 여전히 CBDC인 디지털 위안화를 고수하고 있는 반면에 미국은 스테이블 코인에 더 무게중심을 두고 있다.

앞으로 미·중 디지털화폐 경쟁은 어떻게 진행될까? 앞서가는 중국이 달러패권에 도전할 것이라는 예측이 나오고 있다. 이는 디지털 위안화에 대한 과대평가라고 생각한다. 디지털화폐는 국제 거래가 훨씬 용이해서 위안화의 외환시장 거래 비중은 현 수준인 4% 선보다 상승할 가능성이 크다. 하지만 패권에 근접하기까지는 갈 길이 멀다. 통화 패권은 정책의 속도만으로 주어지는 것은 아니기 때문이다. 무엇보다 투명하고 신뢰도 높은 통화정책, 화폐가치의 안정, 자본시장 개방과 내외국인 투자자의 동등 대우 등 제도적 인프라를 갖추는 게 긴요하다. 중국은 이런 점에서 미국에 절대적 열세이다. 아직은 해야 할 숙제가 많다.

한국 입장에서 디지털 원화 발행의 필요성을 가장 크게 느끼

게 하는 요인 중 하나는 바로 디지털 달러화와 디지털 위안화의 발행 가능성이다. 국내에서 이들 외국 디지털 통화의 보유가 늘어나면 이는 곧 자금의 해외 유출을 가져와 국내 금융 시스템과 통화정책에 경고음을 울리게 될 것이다. 결국 이에 대한 대응은 대응대로 해나가면서 디지털 원화를 시장에 내놓는 게 불가피한 선택이 될 것이다. 더 적극적 입장에서 보면 디지털 원화를 활용해 그동안 별다른 진전을 보이지 못 해온 원화의 국제화를 추진할 수 있는 계기로도 삼을 수 있을 것이다.

CBDC 발행은 이점과 문제점을 동시에 가지고 있다. 빅테크 기업에 집중되고 있는 디지털 결제 시장에서 경쟁을 촉발하고, 재난 지원금 같은 재정지출을 금융기관을 거치지 않고 수혜자에게 직접 빠르게 지급할 수 있는 것 등이 장점이다. 반면 디지털화폐는 프라이버시와 개인 재산권을 침해하고 은행의 자금 중개 기능을 약화시키는 등 문제점을 가져올 수 있다. 개인이 한국은행에 계좌를 갖는 식으로 일이 진행되면 한은이 마음만 먹으면 자금 거래를 들여다볼 수 있는 '빅브라더'가 될 수 있다. 현금이 사라진 상태에서 마이너스 금리가 부과될 경우, 예금 인출로 이를 피할 수 있는 여지가 없어져 재산권 침해를 둘러싼 분쟁도 예상된다. 특히 은행예금이 한은으로 쏠려 은행의 자금 중개 기능이 취약해질 우려가 있다.

종합하면, 우리 입장에서 CBDC 발행은 충분한 연구 검토와 준비는 하되 서두를 일은 아닌 것 같다. 현금 수요가 일정 부분 지속되고 있는 데다 민간의 디지털화폐가 신뢰를 얻고 있기 때문이다. 미국과 중국 등 해외의 움직임이 가장 큰 압박 요인인 만큼 추이를 지켜보며 차분하게 대처해야 한다. 국내적으로는 디지털 취약 계층에 피해를 주지 않기 위해 상당 기간 현금 사용을 병행하고, 프라이버시와 재산권 보장, 금융시장 안정 등을 위한 철저한 대비책이 마련돼야 한다. 무엇보다 왜 CBDC가 필요한지, 그리고 한국만의 차별화된 디지털화폐는 무엇인지에 대해 충분한 논의 과정을 거치고 이를 통해 국민적 공감대를 형성하는 게 중요한 선행조건이 될 것이다.

IV. 생각해 볼 이슈들

불평등 심화는 그 자체로도 바람직하지 않지만,
성장 둔화 등 경제와 사회에 미치는 부정적 영향이 큰 만큼
이를 완화하기 위한 정책적 노력이 적극적으로 이뤄져야 한다.

불평등은 왜 나쁜가?

낙수효과. 경제가 성장하면 소득 증가라는 과실이 먼저 부유층에게 돌아가고 그다음에 물이 아래로 흐르듯 그 효과가 중산층과 하위 계층으로 떨어진다는 말이다. 하지만 낙수효과를 믿는 사람은 많지 않은 게 현실이다. 경제 성장을 이뤘지만, 그 과실이 상위 계층에 집중돼 흘러내리지 않으면서 양극화와 불평등이 심화돼 온 게 세계적인 현상이기 때문이다.

한국경제의 불평등 현주소는 어떨까? 세계적 흐름에서 예외가 아니다. 먼저 소득분배 상황을 살펴보자. 통계청이 내놓은 '2024 한국의 사회지표'를 통해 지니계수와 소득 5분위 배율을 들여다보자. 지니계수는 소득의 불평등한 정도를 나타내는 지표로 0에 가까울수록 소득분배가 평등하고 1에 가까울수록 불평등한 것으로 해석된다. 소득 5분위 배율은 소득 상위 20% 계층의 평균 소득을 하위 20% 계층의 평균 소득으로 나눈 값으로 수치가 클수록 소득이 불평등하게 분배돼 있음을 나타낸다. 우리나라의 지니계수는 균등화 처분가능소득(가구원 수를 고려해 조정한 가구 소득) 기준으로 2020년의 0.328에서 2023년에 0.323으로 낮아졌다. 소득 5분위 배율도 같은 기간에 5.75배에서 5.72배로 하락했다. 소폭이지만 소득 재분배가 개선된 모습을 보였다.

그래프 5 지니계수와 소득 5분위 배율 추이

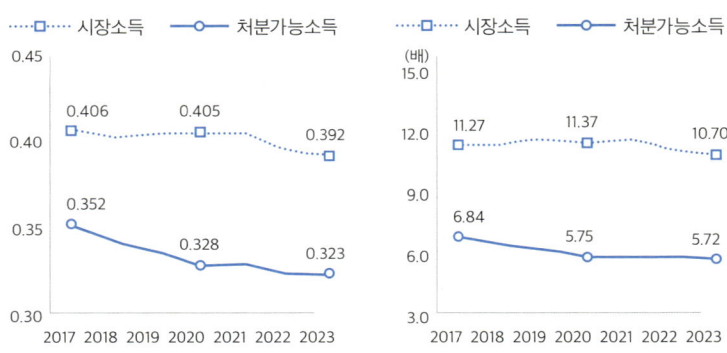

자료: 통계청, '2024 한국의 사회지표'

　문제는 추세적으로 소득 불평등이 개선되는 모습을 보이고 있지만, 절대적 수준으로는 소득이 불평등한 상태에 있다는 데 있다. 우리나라의 지니계수는 소득 불평등이 매우 심한 미국, 영국보다는 낮지만, 캐나다, 스웨덴, 헝가리, 폴란드 등의 국가보다는 높은 수준이다. 국회미래연구원은 한국의 소득 지니계수가 OECD(경제협력개발기구) 국가 중 높은 편이라고 분석하고 있다. 특히 66세 이상의 은퇴 연령층은 2022년 기준 지니계수가 0.383으로 일 년 전보다 0.005가 상승해 노령층의 소득 불평등이 악화됐음을 보여주고 있다.

심각한 상황은 자산의 불평등에서 나타나고 있다. 이를 살펴보기 위해 순자산을 기준으로 해 상황을 들여다보자. 순자산은 전체 자산에서 부채를 제외한 자산이다. 우리나라의 순자산 지니계수는 2011년의 0.619에서 2017년에는 0.584까지 낮아졌으나 2023에는 0.605로 더 상승했다. 자산 불평등이 더 악화하고 있음을 말해주고 있다. 게다가 소득 기준 지니계수(0.323)에 비해 순자산 기준 지니계수가 훨씬 높아 자산 불평등이 소득 불평등보다 더 심각한 상황임을 알 수 있다. 여기에서 10분위별 순자산 점유율을 보면 2024년 기준으로 순자산 상위 10분위 계층은 전체 가계 순자산의 44.4%를 보유하고 있다. 9분위의 점유율은 18.6%이다. 그러니까 순자산 상위 10분위와 9분위 계층은 전체 가계 순자산의 63%를 보유하고 있는 셈이다. 이에 비해 하위 1분위에서 5분위까지의 순자산 점유율 합계는 불과 9.8%에 그치고 있다. 자산이 상위층에 얼마나 쏠려 있는지를 잘 보여주고 있다.

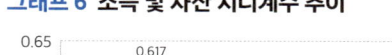

자료: 통계청, 가계금융복지조사

    이 같은 자산 불평등은 가구 자산의 80% 정도를 차지하고 있는 부동산 소유의 불평등에 따른 것이다. 동아일보가 통계청 통계를 인용해 보도한 내용을 보면 부동산 자산이 상위 1%인 가구의 기준선은 2019년의 24억 6,000만 원에서 2024년에는 30억 원으로 5억 4,000만 원이 높아졌지만, 중위 가구의 부동산 자산 기준선은 같은 기간에 1억 6,000만 원에서 1억 8,000만 원으로 2,000만 원이 늘어나는 데 그쳤다. 부동산 가격 상승이 부유층에 집중돼 그만큼 부동산 자산의 양극화가 심화됐고 이게 자산 불평등 심화로 이어지고 있음을 보여주고 있다.

    이 같은 소득과 자산의 불평등은 경제에 어떤 영향을 미칠까? 무엇보다 부의 불평등은 사회적 안정성에 균열을 가져오고 사회통합을 해친다. 또 경제적으로는 경제 성장에 부정적 영향을 미치고 경상수지 악화를 가져오는 것으로 대외경제정책연구원KIEP은 분석하고 있다. 부의 불평등이 성장에 미치는 부정적 영향은 소득이 증가할수록 한계소비성향이 낮아지는 현상으로 설명된다. 부의 불평등이 심화될수록 소득 증가분 대비 소비 증가분의 비율이 낮은 부유층에 부가 몰림으로써 국내 총소비가 줄어들고 이로 인해 경제 성장 동력이 약화한다는 얘기다. 이와 함께 부의 불평등으로 국내 소비가 감소함에 따라 한국경제의 대외의존도도 증가하는 것으로 나타났다. 실제로 KIEP는 지니계수가 상승할수록 한국경제의 GDP 대비 수출입 비중이 증가하는 것으로 나타났다고 분석했다. 소비가 약세를 보이니, 경제 성장이 수출에 더 의존하게 된다는 것이다. 이와 관련해 조지프 스티글리츠는 미국 경제의 불평등을 분석한 저서 '불평등의 대가'에서 "과도한 불평등 때문에 경제 성장이 둔화하고 국내총생산이 감소하고 있을 뿐만 아니라 불안정이 갈수록 심화되고 있다"라고 진단하고 민주주의 약화, 공정성과 정의 등 가치의 훼손이 이뤄지고 있다고 강조하고 있다.

결국 불평등은 사회 안정을 해칠 뿐만 아니라 경제에도 소비 감소에 따른 성장 둔화 등 악영향을 미치고 있다. 불평등을 완화하기 위한 적극적인 재분배 정책이 필요한 이유가 여기에 있다.

구체적으로는 형평성 제고라는 관점에서 자산 과세가 이뤄져야 하고 하위 소득 계층을 대상으로 한 소득 및 사회 정책의 추진이 필요한 것으로 지적되고 있다. 여기에서 강조하고 싶은 것은 '사후적' 재분배 정책도 중요하지만, 사전적으로 기회의 평등성을 제고하는 노력이 긴요하다는 점이다. 교육격차 해소 노력이 대표적인 예이다.

'정의란 무엇인가'의 저자인 마이클 샌델은 미국 사회의 기회 불평등을 분석한 저서 '공정하다는 착각'에서 미국 사회의 심각한 교육격차 문제를 지적하고 있다. 샌델은 미국 대학 입시에서 응시자 집안이 부유할수록 SAT 평균 점수가 높게 나타나고 있다고 분석하고 있다. 또 부유한 가정(상위 1%) 출신이면 명문 아이비리그 대학에 진학할 가능성이 가난한 가정(하위 20%) 출신보다 77배나 크며, 가장 경쟁률이 높은 미국 100개 대학 재학생 가운데 70% 이상이 소득분위 상위 4분의 1의 가정 출신인 것으로 나타났다. 샌델은 교육 불평등을 해소하기 위해 차라리 제비뽑기로 대학생을 선발하는 것도 방법이라는 파격적인 아이디어를 내놓기도 했다.

교육격차 문제는 한국이라고 예외가 아니다. 한국은행의 분석을 보면 2010년 기준으로 소득 상위 20%의 상위권대학 진학률은 하위 20%보다 5.4배나 높았다. 또 2018년에 서울 출신은 전체 일반고 졸업생의 16%에 불과했지만, 서울대 진학생 비중은 32%에 달했다. 특히 소득수준이 높고 사교육이 활발한 강남 3구 출신 학생은 전체 일반고 졸업생 중 4%에 불과했지만, 서울대 진학생의 12%를 차지한 것으로 나타났다. 한은은 소득 상위 20%와 하위 80% 간 상위권 대학 진학률 격차 중 75%는 부모의 경제력 격차의 결과로 추정된다고 분석하고 있다. 이런 문제를 완화하기 위해 대학 입시에 '지역별 비례선발제'를 도입하자는 게 한은의 제안이다. 지역별 학령인구 비율을 반영해 신입생을 지역별로 골고루 선발하자는 것이다.

불평등 심화는 그 자체로도 바람직하지 않지만, 사회와 경제에 미치는 부정적 영향이 큰 만큼 이를 완화하기 위한 정책적 노력이 적극적으로 이뤄져야 한다. 앞서 필자는 성장과 분배 정책을 병행하는 '양손잡이 경제'의 필요성을 강조했다. 그런 관점에서 성장 동력을 재충전하기 위한 정책을 추진함과 동시에 성장의 과실이 각 계층에 골고루 스며들도록 분배 개선의 물꼬를 열어주는 정책도 같이 실행에 옮겨져야 한다.

대규모 '무용 계급' 현실화하나?

그리스의 철학자 아리스토텔레스는 '기계 노예'가 일을 하고 인간은 자유로운 삶을 살게 될 것으로 예측했다. 놀라운 상상력이다. 그가 예측한 대로 기계가 사람의 일을 대신하는 영역이 점점 넓어지고 있다. 2018년 1월에 문을 연 아마존의 무인 매장인 '아마존 고Amazon Go'가 극단적인 사례이다. 이 매장의 특징은 직원을 찾아볼 수 없다는 점이다. 아마존이 내건 'Just Walk Out Shopping(고객이 그냥 걸어서 나가는 쇼핑)'이란 말처럼 고객은 상품을 골라 그냥 매장을 나가면 된다. 곳곳에 설치된 카메라와 센서가 고객이 들고 가는 상품의 QR코드를 읽어 상황을 실시간으로 파악하고, 결제는 아마존 앱으로 자동으로 이뤄지기 때문이다. 기계가 사람의 일을 거의 다 가져간 경우이다.

이 같은 '기계 근로자'의 등장으로 인간은 아리스토텔레스의 말처럼 자유로운 삶을 살게 됐는가, 아니 살게 될 것인가? 유감스럽게도 답은 부정적이다. 아리스토텔레스가 그린 미래는 기계가 대신 일을 해도 일자리와 소득에 문제가 없는 비현실적인 경제이다. 현실은 정반대다. 자동화와 디지털화 등이 빠르게 진행됨에 따라 일자리가 크게 줄어들고 있다. 미국 여행업계의 경우 1990년에만 해도 27만여 명이 일했지만 그사이에 20만 개가 넘는 일자리가 없어졌다. 온라인 업무가 확산한 탓이다.

어떤 일자리들이 주로 사라지고 있을까? 캐나다 브리티시 콜럼비아 대학의 헨리 슈 교수 등이 연구한 분석 결과가 의미 있는 변화를 보여주고 있다. 그 내용을 보면 '일자리의 분극화分極化, polarization' 현상이 뚜렷하게 나타나고 있다. 임금수준을 기준으로 근로자를 줄 세우면 양쪽 끝에 있는 저임금과 고임금 근로자의 고용이 늘어나고 있는 데 비해 중간 수준 임금 근로자들이 자동화의 영향으로 크게 줄어들고 있는 것으로 나타났다. 2002년~2017년의 기간 중 고임금과 저임금 일자리는 각각 14.2%와 10.4% 증가한 반면 중간 임금 근로자는 13.5% 감소했다.

왜 이런 일이 일어나고 있을까? 먼저 고임금 직업은 경영, 기술 등 전문성이 요구되는 자리여서 기계가 일을 대신하기가 어렵다. 저임금 일자리는 간병인같이 다른 사람을 돌보거나 직접 사람이 해야 하는 일이어서 기계가 들어설 공간이 작은 편이다. 대조적으로 중간 임금수준의 일자리는 비서, 사무원 등 일상적이고 반복적인 일을 하고 있어서 기계가 쉽게 대체하고 있다. 앞으로 이런 추세는 지속될 전망이다. 지금 안전해 보이는 고임금과 저임금 일자리도 기계의 '진격' 대상이 될 수 있다는 경고도 나오고 있다.

기계의 '냉혹한 공세'에 우리는 어떻게 대응해야 할까? 앞으로 대량 실업이 우려되는 만큼 사회 공동체를 지키기 위한 특단의 대책이 필요하다는 지적이 제기되고 있다. '사피엔스'의 저자 유발 하라리는 '초예측'에서 인공지능으로 수십억 명이 노동시장에서 퇴출당해 대규모 무용 계급이 생길 수 있다면서 요즘 논의가 한창인 기본소득이나 무상의료와 무상교육 같은 보편적 기본 서비스를 이에 대한 대응책으로 제시한다.

인공지능이 진단 결과를 제시하면 의사가 이를 보고 최종 판단을 하는 것처럼 기계와 인간이 상생하는 새로운 협업 모델도 만들어져야 한다. 한편으론 종합적 판단과 감성, 심리 등의 영역이 상당 기간 기계의 진입이 어려울 것으로 보이는 만큼 인간의 장점이 월등한 분야에서의 자기 계발이 중요할 것으로 보인다. 1

등보다는 다른 사람 그리고 기계와 차별화되는 '나만의 능력'을 키운 사람이 순항하는 '온리원Only One'의 시대가 다가오고 있다.

30대 임원과
100세 시대의 충돌(?)

영화 〈인턴〉. 열정적인 30세 CEO가 70세의 '어르신 인턴'을 고용한 뒤 펼쳐지는 따뜻한 이야기를 그리고 있다. 이 영화에서 입지立志의 나이인 30세의 CEO 줄스 오스틴은 인터넷 의류업체인 '어바웃더피트'를 창업한 지 불과 1년 반 만에 직원 220명이 일하는 중견기업으로 키운 성공 신화의 주인공이다. 사업에 여유가 생긴 오스틴은 사회공헌 차원에서 노인을 대상으로 한 인턴 프로그램을 도입한다. 이 기회를 잡은 사람은 전화번호부 회사의 임원으로 일하다 정년퇴직한 70세의 밴 휘태커.

오스틴은 처음에는 고희古稀의 휘태커에 대해 회의적이었지만 시간이 흐르면서 그의 경험과 관록에 매료되기 시작한다. 두 사람은 '베프'가 된다. 휘태커는 상사인 오스틴에게 삶과 경영에 대해 귀중한 조언을 해주는 멘토 역할을 하게 된다. 40년의 차이를 뛰어넘은 두 사람의 우정은 나이가 큰 문제가 되지 않는 미국에서는 있을 법한 일이다. 하지만 여전히 연공서열 문화가 강한 한국 사회에서는 '픽션'으로 느껴지는 게 어쩔 수 없는 현실이다.

매년 초나 말에는 대기업에서 임원 인사가 이뤄진다. '별'이 뜨고 지는 연례적인 시기이지만 큰 변화가 일어나고 있다. 세대교체가 일어나면서 임원진이 크게 젊어졌다. 50대나 돼야 넘볼 수 있던 부사장 자리에 40대가 기용되고, 30대 상무들도 탄생했다. 40대 신규 임원은 명함조차 내기 어려운 상황이 됐다. 심지어 40대를 사장으로, 그리고 30대를 부사장으로 올린 기업도 나왔다. 한 금융회사에서는 50세(만 49세)가 넘으면 아예 임원 대상에서 배제되는 '50세 룰'이 거론되기도 했다. 나이를 고려하지 않는 임원 인사가 이뤄지면서 다단계 직급도 단순화됐다. 한 그룹은 상무대우부터 사장까지 6개로 나뉘어 있던 임원 직급을 '경영 리더'로 통일했다.

기업들이 이같이 인사 혁신에 나선 것은 무엇보다 나이가 중요한 문화에서 가위눌려 온 젊은 인재들이 실력만으로 임원진에 합류할 수 있는 길을 열어주기 위한 것이다. 조직의 활력을 부추기겠다는 의도가 담겨 있다. 나이가 많고 일한 기간이 길다고 해서 임원으로 가는 길이 열리는 것은 아니라는 점을 분명히 함으로써 기업 전반에 긴장감을 불어 넣는 효과도 노린 것으로 보인다.

하지만 여기에서 두 가지 짚어볼 문제가 있다. 먼저, '젊은 임원=혁신'으로 등식화하는 게 일반화될 수 있는가 하는 점이다. 물론 나이가 어릴수록 활기가 더 넘칠 것이라는 기대를 할 수는 있다. 그러나 생물학적 기준인 나이를 조직의 생기生氣를 불어넣는 주요 요소로 보는 시선은 '연령 차별적 편견'일 수도 있다.

시인 사무엘 울만은 시 '청춘'에서 "청춘이란 어떤 한 시기가 아니라 마음가짐"이자 "풍부한 상상력과 왕성한 감수성과 의지력, 그리고 인생의 깊은 샘에서 솟아나는 신선함"을 뜻한다고 얘기한다. 그렇기 때문에 "때로는 스무 살 청년보다 예순 살 노인이 더 청춘일 수 있네. 누구나 세월만으로 늙어가지 않고 이상을 잃어버린 때 늙어가나니"라고 노래한다. 상투적인 얘기일 수도 있겠지만 통찰력 있는 울만의 시선에서 보면 나이는 숫자에 불과한 것이라고 할 수도 있다. 이렇게 볼 때 기업의 인사 변화는 연령이라는 진입장벽을 걷어내고 능력만을 보겠다는 것으로 해석돼야 한다. '젊은 층=쇄신, 중년=꼰대' 식의 잘못된 이분법으로 받아들여져서는 안 된다.

다음으로 젊은 임원의 등장이 선배들의 퇴직 러시를 가져와서는 안 된다. 연공서열을 무너뜨린 것은 다양한 나이의 임직원들이 한 데 섞여 일하라는 것을 의미한다. 직급 호칭을 없애는 대신 '~님'이나 영어 이름을 부르는 것은 '연령 혼합'의 근무 분위기를 가져오기 위한 노력의 일환이다. 문제는 직장 밖의 사회는 연공서열이 여전한 문화라는 데 있다. 밖에 나가면 후배인데 직장에서는 상사로 모셔야 하는 일이 충분히 어색할 수 있다. 이에 적응하는 분위기는 기업마다 다른 것 같다. 한 기업의 간부는 "이젠 어린 임원과 같이 일하는 게 그다지 이슈가 되지 않는다"라고 말했다. 반면, 다른 대기업의 간부는 "이번 인사에서 젊은 임원이 상사가 돼 아무래도 짐을 싸야 할 것 같다"라고 불안해했다.

여기에서 중요한 점은 3, 40대 임원이 나왔다고 해서 50대가 집에 가야 하는 상황은 기업 스스로 나서서 방지해야 한다는 것이다. 다양한 연령층이 조화로운 협업 체제를 이루는 기업 문화를 만들어야 한다. 100세 시대로 일컬어지는 고령 사회에서 조기 퇴직이 잇따르면 개인은 물론 기업과 국가에도 손실이 적지 않다. 50대는 그동안의 지식과 경험이 쌓여 통찰력과 지혜의 '진액'이 나오기 시작하는 경력의 정점이다. 회사의 중요한 자산이다. 그런데 이들을 '노후 자산'으로 분류해 '상각(퇴출)'의 대상으로 삼는 것은 바람직하지 않다.

앞에서 언급한 영화 〈인턴〉처럼 젊은 상사의 경험 부족을 노련한 중년 또는 고령의 하급자가 메워줄 수 있다. 더구나 정년 연장까지 논의되는 마당에 50대가 등 떠밀려서 이른 시간에 직장에서 나가는 일은 없어야 한다. 50대는 노후로 가는 중요한 징검다리다. 50대가 튼튼하게 서야 '준비 안 된 노후'라는 사회적 걱정거리도 완화될 수 있는 길이 열린다.

이런 상황에서 연령 피라미드 아래쪽의 청년 구직자에게도 좋지 않은 소식이 이어지고 있다. 그나마 취업으로 가는 '큰길'이었던 대기업의 공채가 점점 사라지고 있다. 이 같은 추세는 금융권 등 다른 산업으로도 확산되고 있다. 기업은 나름대로 어려움을 호소하고 있다. 외부 환경이 급격하게 변화하는 상황에서 인력 수요가 있을 때마다 채용해서 바로 쓸 수 있는, 경력을 가진 인력이 필요하다는 것이다.

하지만 이는 일자리 창출이 시급한 경제라는 숲과 기업이라는 나무가 충돌하는 지점이 될 수 있다. 기업들은 수시 채용을 하더라고 종전의 공채 같은 규모의 인력을 뽑을 수 있다고 말하고 있지만, 공채가 없어지는 이상 취업의 문은 더 좁아질 것이라는 우려가 커지고 있다. 현재 청년 실업은 한국경제가 안고 있는 큰 과제 중의 하나이다. 일자리를 만들어 내는 주역인 기업들은 경영에 큰 부담이 되지 않는 한 청년들에게 꿈을 키우고 실현할 수 있는 기회를 제공하는 데 인색하지 않아야 한다.

이게 최근 큰 흐름으로 자리 잡은 ESG 경영의 하나로 사회적 책임을 다하는 길이기도 하다. 실제로 한은의 기업경영분석 내용을 보면 2020년 기준 전산업의 매출액 또는 영업 총비용 대비 인건비 비중은 각각 13.36%와 18.59% 수준이다. 단일 항목의 비용으로 비중이 작다고는 할 수 없을 것이다. 하지만 다른 관점에서 보면 신규 고용을 창출하고 기존 고용을 최대한 유지할 수 있는 여력이 없지 않다고 할 수 있다.

종합하면, 젊은 임원의 등장이 직장인 연령 피라미드의 위쪽인 50대를 줄이고, 공채 폐지가 아래쪽인 청년의 일자리를 줄이는 쪽으로 작용한다면 이는 한국경제라는 숲에 먹구름을 드리울 수 있게 하는 요인이 될 수 있다. 기업의 활력과 경쟁력을 훼손하지 않는 범위 안에서 일자리를 만들어 내고 지키는 데 기업이 한몫을 해준다면, 그 역할 또한 중요하게 평가를 받게 될 것이라고 본다. 정부도 일자리에 많이 기여하는 기업일수록 금융이나 세제 등에서 다양한 혜택을 주는 인센티브를 강화할 필요가 있다.

50대를 위한 변명

산업화와 민주화를 다 경험한 베이비부머가 '주력부대'인 50대. 최근 2, 30년 사이에 빠른 속도로 두터워지고 있는 연령층이다. 하지만 50대만큼 그 가치와 사회적 자리매김이 큰 간격이 있는 연령층도 드물다.

50대, 그들은 누구인가. 필자가 40대를 '졸업'하고 50대에 들어섰을 때 느낀 단상이 있다. 지식을 쌓고 경험을 저축해가며 거침없이 달려온 게 40대까지의 삶. 50대는 그 모든 재료를 버무려 통찰력과 지혜라는 '진액'을 만들어 내는 숙성의 시기가 아닌가 싶다. '내려갈 때 보았네/올라갈 때 보지 못한/그 꽃'(고은, 그 꽃)이 말하듯 세상과 삶의 이치가 보이기 시작하는 정점의 시기라는 말이다. 이런 점에서 사회의 소중한 자산이고 기둥이기도 한 연령층이다. 그래서 공자는 50대를 하늘의 명을 아는 '지천명知天命'의 시기로 부르지 않았던가. 심각한 문제는 이 내재적인 가치와 '사회적 가격' 사이에 괴리가 너무 크다는 점. 50대는 경제의 대차대조표상으로는 '노후 자산'으로 분류돼 장부에서 떨어내는 '상각(퇴출)'의 대상에 본격적으로 편입되는 시기이다. 가치는 정상 지점에 올랐는데 가격은 푸대접을 받는 불균형의 지대, 그 사선 위에 올라선 집단인 것이다. 개인은 물론 사회적으로도 큰 손실일 수밖에 없다. 50대가 갖는 그 가치를 보란 듯이 내보인 '희망의 인물'들은 수없이 많다. 인기 영화 '레미제라블'의 작가 빅토르 위고는 50대 전체를 이 작품을 집필하는 데 쏟아부었다. 독특한 미술 세계를 펼쳐낸 앙리 루소는 40대 후반에 세리 일을 그만두고 50대부터 본격적인 그림 그리기에 몰입해 자기만의 세계를 만들어 냈다. 믹서기 영업 책임자였던 레이 크록이 햄버거 체인인 맥도날드를 창업한 것도 50대. 그는 말한다. "사람들은 내가 53세가 되어서야 맥도날드를 창업해 하루아침에 성공했다고 한다. 그러나 그 아침을 맞이하기 전까지 30년이라는 길고 긴 밤을 보냈다." 그 전의 경험과 지식이 거름이 돼 늦깎이 성공을 만들어 냈다는 자평이다.

청년 실업이 심각하고 노인 복지의 중요성도 큰 마당에 웬 50

대 타령이냐고 할 수도 있을 것이다. 그러나 50대가 갖는 사회적 자산으로서의 가치를 활용하지 못하는 것이 큰 사회적 비용이라는 점을 강조하기 위해 이 문제를 던진다. 정년을 늘려서 기존에 하던 일의 연장선에서 계속 기여할 기회를 주든 50대를 대상으로 한 맞춤형 창업 교육이나 재취업 서비스 인프라를 대폭 확충할 필요가 있다. 특히 50대는 노후로 가는 가장 중요한 징검다리라는 점에 주목해야 한다. 개인의 선택과 결정에만 맡겨 50대가 망가지면 이게 고스란히 준비 안 된 노후로 이어질 것이다. 그만큼 사회적 문제가 깊어짐은 물론 노인 복지를 위한 재정 부담도 커질 수밖에 없다. 50대가 단단하게 설 수 있도록 인프라를 만들어 줄 경우 안전한 노후와 재정 부담 감소라는 두 마리 토끼를 잡을 수 있다. 노심초사하는 50대에게 꿈과 희망을 주는 정책적 고려도 이젠 '사치재'가 아닌 '필수재'가 된 시대에 우린 살고 있다.

중학생의 관심, '연봉'

과거에 한 중학교에 가서 경제 수업을 한 적이 있다. 처음에 경력을 소개했더니 학생들이 요즘 말로 "스펙 좋다!"라고 해서 그냥 농담 정도로 받아들이고 말을 시작했다. 한 시간 강의가 끝난 후 질문을 받았다. 첫 질문부터 좀 충격적이었다. "선생님, 연봉이 얼마예요?" "그런 것은 묻는 게 아닙니다."라고 얼버무렸다. 두 번째 학생의 질문, "차는 어떤 차종을 모세요?" 점입가경. 당황스러웠다. 행여 하는 마음으로 세 번째 질문을 받았다. "어느 아파트에 사세요?" 이쯤 되니, 앞에서 '스펙'을 언급한 학생들의 반응도 같은 맥락에서 이해가 됐다. 아무리 '돈, 돈, 돈' 하는 세상이지만 어린 학생들이 돈에 대해 가진 지나친 관심, 걱정스러웠다. 멍든 동심이 안타까웠다. 이런 현상이 일부에 그쳤으면 좋겠지만 문제는 그렇지 않다는 데 있다. 지난 2008년에 일본 청소년연구소가 한국, 미국, 일본, 중국의 고교생 각각 천여 명을 대상으로 조사한 결과를 보자. 한국 학생의 50.4%가 "부자가 되는 것이 성공한 인생"이라고 대답했다. 일본(33.0%), 중국(27.0%), 미국(22.1%)보다 월등히 높았다. "돈을 벌기 위해 어떤 수단을 써도 괜찮다."라는 말에 한국 학생의 23.3%가 동의했다. 미국 학생은 21.2%, 일본 13.4%, 중국 5.6%였다. 돈을 많이 버는 것을 중요하게 생각할 수 있지만 '과열 관심'이라는 점은 부인할 수 없다. 다른 조사 결과도 내용은 마찬가지이다. 연세대학교 사회발전 연구소는 초등학교 4학년에서 고등학교 3학년까지 학생 6,410명을 대상으로 실시한 조사에서 '자신이 행복하기 위해 가장 필요한 것은 무엇인가'라는 질문을 했다. 고학년으로 갈수록 돈의 중요성을 강조했다. 특히 고3 학생들은 행복의 조건 1위로 '돈'(26%)을 꼽았고, 가족(20.5%)은 2위였다. 어찌 보면 우리 학생들의 경제 의식이 그만큼 높은 수준이라고도 할 수 있을 것이다. 짧은 기간에 압축 성장을 이룬 나라에서 성장하다 보니 어려서부터 일찍 돈의 필요성을 깨닫고 있고, 이게 경제 성장의 동력이 될 것이라고 얘기할 수도 있을 것이다. 문제는 한창 멋진 꿈을 가져도 될 어린 학생들의 마음이 다른 나라와 비교해서도 너무 현실적인 데 쏠려 있다는 데 있다. 돈을 지나치게 우선시하는 물질 만능주의의 범람이 학생들의 마음에도 큰 얼룩을 남긴 것이다.

사실 돈만큼 사람에게 이중성을 갖게 하는 주제도 없다. 많을수록 좋다고 느끼면서도 안 그런 척하는. 돈을 크게 번 부자들은 어떤 생각을 할까? 아이폰으로 세계 스마트폰 업계를 주도한 스티브 잡스의 유명한 말이다. "돈에 대한 내 대답은 그것이 좀 우습다는 것이다. 모든 관심이 거기에 집중돼 있는데 돈은 내게 일어나는 일들 가운데서 가장 통찰력 있거나 가치 있는 일이 아니다. 나는 돈이 내 인생을 망치게 만드는 일은 없을 거라고 다짐했다." 세계 최고 부자의 생각이지만 '무소유' 정신을 강조한 법정스님의 말과도 일맥상통한다. "소유 관념이 때로는 우리들의 눈을 멀게 한다. 우리는 언젠가 한 번은 빈손으로 돌아갈 것이다. 하고 많은 물량일지라도 우리를 어떻게 하지 못할 것이다." 사는 데 필요한 돈이지만 돈이 '삶의 주인'이 되지 않도록 하는 '절제의 지혜'가 돋보인다. 결국 돈으로부터 너무 가깝지도 멀지도 않은 적절한 거리의 확보가 중요한 것이다. 돈을 외면하지도 않되 휘둘리지도 않으면서, 내면적 행복을 추구하는 상태이다. 어린 학생들의 돈에 대한 과도한 관심을 보며 "당신들은 멋진 집, 멋진 차, 멋진 직업을 가졌습니다. 그런데 왜 이토록 많은 불행이 있는 거죠?"라는 티베트의 명상 수행자 욘케이 밍규르 린포체의 질문이 더 따끔하게 다가온다.

'대통령' 직함 바꾸자

소소한 지적부터 시작해 본다. '○○게이트'란 표현에서 '게이트'란 말은 잘못 사용되고 있다. 1972년 미국 닉슨 정부의 민주당 본부 도청 사건이 일어난 곳이 워터게이트빌딩. 그래서 워터게이트 사건으로 불린다. 건물 이름의 뒤 단어를 붙여 어떤 사건을 '무슨 게이트'로 부르는 건 말의 오용이다. 워터게이트 사건을 특종 보도한 밥 우드워드와 칼 번스타인이 쓴 '워터게이트'를 보면 사건 제보자 딥스롯의 고발이 적나라하다. '닉슨의 백악관은 강압적으로 정부 각 기관을 빼앗았다. 백악관의 애송이 보좌관들은 관료 조직의 최고위층에 명령을 내리고 있었다. 칼을 휘두름으로써 정부와 국가에 어떤 결과를 초래할지는 개의치 않고 대통령의 측근들은 비열한 수단을 써 일단 손에 넣은 권력에 집착하는 얄팍함을 보였다.' 워터게이트 사건은 도청 사건으로 알려졌지만, 닉슨과 측근들의 권력 농단이 깊은 원인이다. 닉슨 정부가 영국에서 독립한 미국의 역사적 발원점의 의미를 크게 훼손한 데서 비롯됐다. 미국이 신대륙의 새로운 정치 시스템을 세울 때 최고의 리더를 '프레지던트President'라고 부른 이유가 있다. 1774년 9월의 필라델피아 대륙회의. 연방 국가 건설을 논의하기 위해 동부의 주정부 대표들이 모인 자리였다. 이들은 의장 격의 대표를 처음으로 프레지던트라고 불렀다. 회의를 주재한다는 의미의 '프리자이드Preside'에서 따온 말이다. 영국의 권위주의적 왕정을 혐오했기에 리더가 회의 진행자같이 민주적 역할 해주기를 바라는 희망이 담긴 것이다. 닉슨 행정부는 이를 배신했다.

미국의 프레지던트가 우리나라에 와선 '대통령大統領'으로 쓰였다. 사연은 이렇다. 중국 청나라에서 프레지던트의 음을 따라 '백리이천덕伯理爾天德'으로 표기했다. 조선도 이를 사용했으나 1883년 홍영식이 미국을 다녀와 고종에게 '대통령'이란 말을 소개하면서 공식적으로 쓰이기 시작했다. 10년 전인 1873년 일본의 미노사쿠 린쇼가 '프랑스 헌법'을 출간하면서 '백리이천덕'을 대통령으로 번역한 데 영향을 받았을 것이란 해석이다(지금 다시, 헌법, 차병직 윤재왕 윤지영 저). 대통령이란 말 자체가 수입된 것이다. 당연하다고 여기며 사용한 대통령이란 말의 뿌리. 우리 스스로 그럴 듯한 의미를 부여한 역사가 있을 줄 알았는데 좀 허망하다. 게다가 프레지던트의 좋은 뜻과는 한참 거리가 멀다. '큰 대' '거느릴 통' '거느릴 령'. 반복된 단어 '거느리다'의 사전적 의미는 '부양해야 할 손아랫사람을 데리고 있다. 부하나 군대 따위를 통솔하여 이끌다'이다. 국민을 손아래나 부하로 보는 권위주의적 발상이다. 개헌 논의가 본격화하고 있다. 나라의 지배구조를 혁신하는 일이다. 이때 대통령이란 직함도 국민과의 거리감을 좁히는 말로 바꿔보면 어떨까? 실제 헌법에는 헌법 수호, 평화적 통일을 위한 성실한 의무 등 대통령의 책무가 주로 언급될 뿐 '다스린다'라는 개념은 존재하지 않는다. 리더를 어떤 이름으로 부를지도 흔들린 민주주의를 다시 일으켜 세우는 중요한 토양이 될 수 있다고 본다. 기업들도 창의적·수평적 문화를 도입하기 위해 먼저 하는 일 중 하나가 임원과 간부들의 호칭 변경이 아니던가. 주권자들을 받들어야 하는 자리인 대통령. 이젠 오래된 수직적 계급장을 떼어내고 시대에 맞는 수평적 새 직함을 만들어보자고 제안한다. 직함 같은 형식이 리더 스스로의 자기 정체성과 리더를 바라보는 국민의 시선을 더욱 민주적으로 바꿀 수 있기 때문이다.

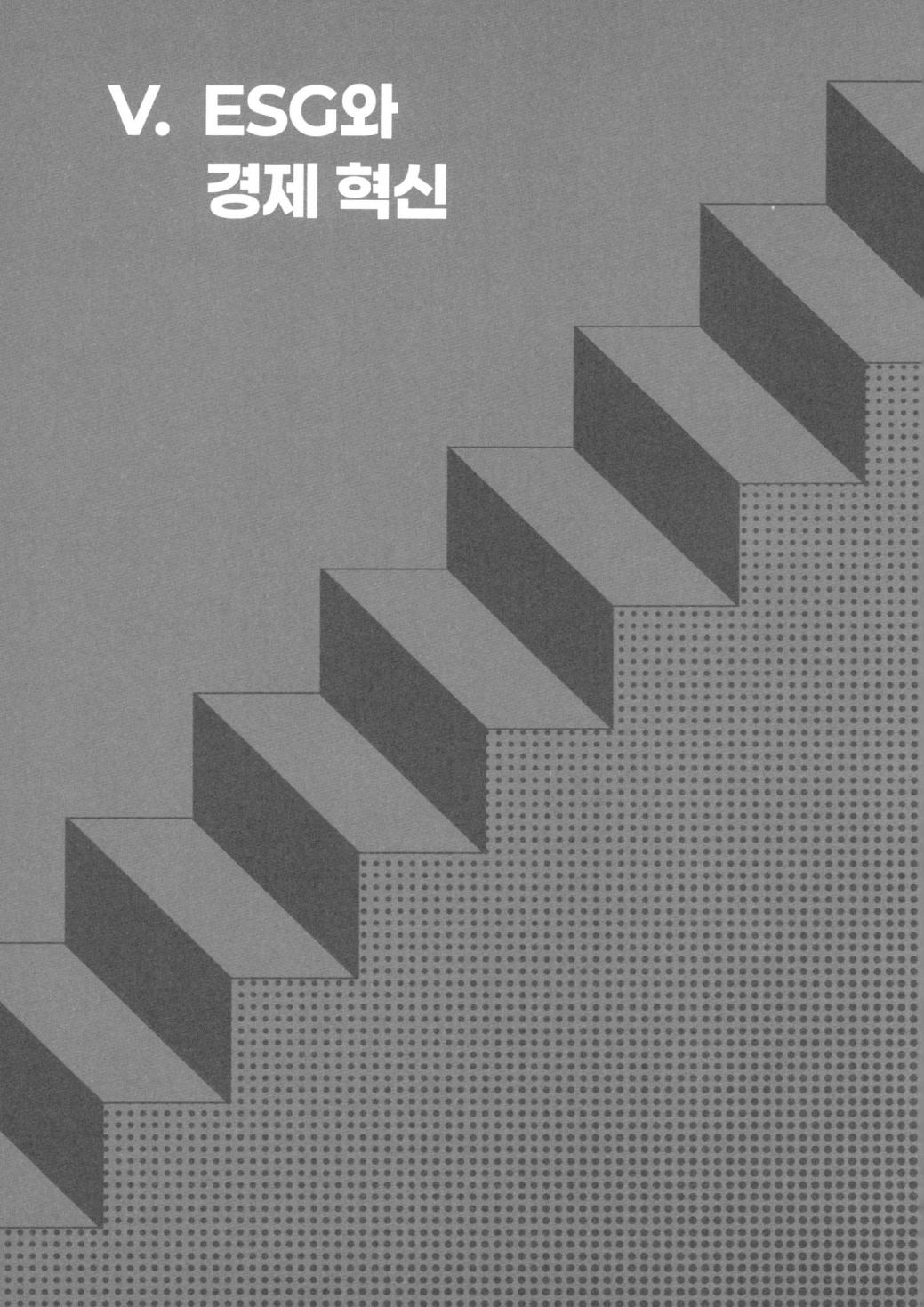

V. ESG와 경제 혁신

이재명 정부는 국내 기업들의 ESG 경영이

글로벌 수준으로 올라가도록

이를 재촉하고 유도하는 데 역점을 뒀으면 한다.

이재명 정부의
ESG 정책 방향은?

굳이 이념적 경향성을 따지자면 ESG는 진보 이슈에 더 가깝다. 환경 보호와 사람 존중 등이 핵심 주제여서 그렇다. 실제로 각 정파가 ESG에 접근하는 움직임을 보면 이 점이 뚜렷해진다. 미국에서든 EU(유럽연합)에서든 보수 정당은 ESG에 반대하는 입장을 보이는 반면 진보 정당은 친ESG 성향을 나타내고 있다.

우리나라는 어떨까? ESG에 대해 이념적 편 가르기가 있는 것은 아니지만, 적극성 면에서는 정파 간에 편차가 드러난다. 우리나라 또한 역시 ESG에 대해 진보 정당은 적극적, 보수 정당은 소극적인 편이다. 먼저 문재인 정부는 기후 변화에 대한 대응 의지가 상대적으로 더 강했고, ESG 인프라 고도화 방안과 공공기관의 솔선 방침 등 굵직굵직한 정책이 나왔다. 윤석열 정부 당시에는 ESG를 규제로 보는 시선이 강해서인지 별다른 정책이 발표된 게 없다.

각 정파가 이런 입장차를 보이지만, ESG는 이념 이슈로 매몰될 수 없는 기업 경영의 핵심적인 틀이다. 환경을 훼손하지 않고 이해관계자를 존중하는 투명하고 윤리적인 기업 경영을 뜻하는 ESG는 이젠 거스를 수 없는 시대적 흐름이 됐기 때문이다. 글로벌 동향을 보면 정파 간 다툼에 관계없이 기업들은 ESG 경영을 전략과 기업 운영 등에 내재화, 체질화해가고 있다. 해외 설문조사 결과를 보면, 글로벌 경영진의 85%가 온실가스 배출량을 공시하겠다는 기존 계획을 추진해가고 있으며 60.1%의 기업은 탄소 감축 등 기후 행동에 대한 다짐을 공표한 상태이다. 또 10년 안에 에너지원을 재생에너지로 바꾸겠다고 응답한 기업인 비중은 97%에 이르고 있다.

이런 상황에서 이재명 정부가 막 출범했다. 진보 정부인 만큼 ESG에 대해 전향적인 접근을 할 것이라고 예상해볼 수 있다. 이재명 정부는 앞으로 어떤 방향성을 가지고 ESG 정책을 추진해나가야 할까? 큰 틀에서 '현실 수용형'보다는 '현실 개혁형' 정책을 펼쳐나갔으면 한다. 그동안 국내 기업들은 높은 제조업 비중, 준비 부족 등의 이유로 ESG 정책의 속도 조절을 요구해왔다. 문제는 기업들의 기후 변화 대응과 ESG 경영의 수준이 글로벌 흐름에 크게 뒤쳐져 있다는 데 있다. '기후 악당'이라는 국가적 오명汚名이 이를 잘 보여주고 있다. 여기에다 ESG는 국제 무역규범화하는 추세여서 수출 의존도가 높은 우리 경제 입장에서는 잘 대응하는 게 불가피해졌다. 이를 종합적으로 고려할 때 이재명 정부는 국내 기업들의 ESG 경영이 글로벌 수준으로 올라가도록 이를 재촉하고 유도하는 데 역점을 뒀으면 한다.

구체적으로 이재명 정부가 고려했으면 하는 ESG 정책의 방향성을 제시해본다. 첫째 그린 성장 전략의 재가동이다. 기후 변화 대응을 위해 탄소 배출을 줄이는 것은 이제 단순히 규제 차원을 넘어 경제 성장을 위한 전략으로 부상하고 있다. 탄소중립의 글로벌 리더십을 추구하는 EU의 친그린 성장전략이 대표적 예이다. 국내에서도 대한상의의 조사 자료를 보면, 70%의 기업들이 탄소 중립 대응이 기업 경쟁력 강화에 도움이 된다고 응답하고 있다. 결국 녹색 성장을 저성장의 새로운 돌파구로 삼아야 한다.

다음으로 ESG를 국가 전략적 과제로 실행해나가는 제도적 기반을 마련하기 위해 'ESG 기본법'이 제정돼야 한다. 현재 ESG와 관련해서는 탄소중립·녹색성장 기본법과 지속가능발전기본법이 제정돼있다. 여기에 발맞춰 ESG 추진에 대한 국가, 지방자치단체, 기업, 금융기관의 책무를 정하고 정책 추진 체계 등을 구체화한 ESG 기본법이 추가돼야 한다. 이 법은 21대 국회 때 의원입법인 '기업 등의 지속가능경영 지원을 위한 환경·사회·거버넌스 기본법안'으로 발의된 적이 있지만 임기 종료로 폐기됐는데 정부 주도로 입법이 재추진되길 기대해본다.

셋째, ESG 정책이 현실의 속도보다는 한 발자국 빠르게 진행돼야 한다. 앞에서 언급했듯이 한국 기업의 부진한 ESG 경영 수준을 끌어올리는 방안이다. 예컨대 지속가능공시의 경우 현실적 여건을 고려하되 기업의 변화를 유도하는 정책 의지가 반영돼야 한다. 당초 정부는 2025년부터 공시를 시작한다는 계획이었다가 이를 미뤄 2029년을 고려하고 있는데 최근 한국지속가능성기준위원회KSSB가 좀 더 이른 시기에 공시를 개시하는 방안을 제안한 점을 적극 고려해야 할 필요가 있다.

넷째, ESG 정책의 효율적 시행을 위해 각 부처가 산발적으로 내놓은 정책을 총괄할 컨트롤타워가 정해져야 한다. 지금까지는 기획재정부, 금융위원회, 산업통상자원부, 환경부, 중소벤처기업부가 나름대로 정책을 발표해왔는데 기획재정부가 총괄 조정 기능을 함으로써 일관성과 효율성을 제고할 수 있을 것으로 본다.

앞으로 정부는 조율된 정책을 시행하는 가운데 중소·중견기업의 ESG 경영에 대한 지원을 강화하고 공공부문이 ESG를 선도하는 데 방점을 둬야 한다.

끝으로 ESG의 본질적 지향점을 정확하게 바라보는 정책이 가시화되기를 바란다. ESG를 규제로만 보는 시각은 '번지수'를 잘못 짚은 것이다. 기본적으로 ESG는 환경, 사회, 지배구조를 통해 경영혁신을 이룸으로써 기업 가치를 제고하는 데 그 목적이 있다. 많은 글로벌 기업이 이같은 ESG 경영의 효과를 잘 보여주고 있다. 이렇게 볼 때 ESG는 기업의 '밸류업'은 물론 새로운 경제 성장의 지평을 여는 '거시적 전략'이 될 수 있다.

막 깃발을 올린 이재명 정부가 '발은 땅에 딛되 별을 보고 가는' 통찰력 있는 ESG 리더십으로 강하고 건강한 기업과 대한민국 경제를 만들어가길 기대해본다.

'정반합正反合 단계' 들어선 ESG

지난 2020년 말쯤부터 ESG가 확산되기 시작한 데는 세 가지 배경이 있었다. 먼저 팬데믹으로 환경 보호의 중요성이 부각되면서 기후변화 대응이 인류 생존을 위한 핵심 과제라는 공감대가 형성됐다. 다음으로 그동안 ESG는 EU가 주도해왔는데 미국에서 친ESG 성향의 바이든 민주당 행정부가 들어서면서 추진력이 강해졌다. 마지막으로 미국 재계 단체인 비즈니스라운드테이블BRT이 주주자본주의에서 이해관계자자본주의로의 전환을 선언하면서 ESG가 기업 경영의 중요한 축으로 자리 잡았다.

시간이 흐르면서 이 세 가지 조건 중 한 가지에 큰 변화가 생겼다. ESG에 적극적인 바이든 미 행정부가 물러나고 ESG에 반대하는 트럼프 행정부가 들어섰다. 트럼프는 취임 이후 ESG에 제동을 거는 조치를 잇달아 내놓고 있다. 이런 상황에서 최근 EU조차 경쟁력 강화라는 명분 아래 ESG를 감속減速시키는 포괄적 방안을 발표했다. 글로벌 무대에서 ESG를 견인해온 두 축이 흔들리고 있는 것이다. 일각에서는 이런 변화를 'ESG가 죽어가고 있는' 비관적 신호로 해석하고 있기도 하다. 좀 지나친 진단이긴 하지만 최소한 ESG가 순항해온 여건이 바뀌고 있다는 점은 부인할 수 없을 것 같다.

ESG의 진로를 짚어보기 위해서는 EU와 미국의 정책 기조 내면을 세부적으로 들여다볼 필요가 있다. 먼저 경제의 경쟁력 강화를 위한 규제 완화 차원에서 ESG 제도를 단순화한 '옴니버스 패키지'를 공표한 EU. EU의 이 패키지는 지속가능 공시인 CSRD, 공급망 실사제도인 CSDDD, 친환경 활동을 규정한 택소노미, 그리고 탄소국경조정제도CBAM의 규제 문턱을 크게 낮추는 내용을 골자로 하고 있다. '놀랍다'는 반응까지 나온 조항은 CSRD 공시 기준을 종업원 250명 이상에서 1,000명 이상으로 대폭 올리고 중소기업의 공시 의무를 면제해 대상 기업을 80% 줄인 것이다. 또 CSDDD는 실사의무 이행 일정을 2027년 7월에서 2028년 7월로 1년 늦췄다. CBAM의 경우 수입업체의 90%(18만 2,000개)를 제외했는데 주로 소규모 업체가 대상이어서 수입품 탄소 배출량의 99%가 여전히 규제된다는 게 EU의 분석이다.

이번 옴니버스 패키지에 대해서는 긍정과 부정 평가가 엇갈리고 있다. CSDDD의 시행 시기를 연기해 기업들에 대비할 시간적 여유를 준 것은 좋은 평가를 받고 있다. 하지만 EU 전체 온실가스 배출의 63.3%를 차지하고 있는 중소기업에 CSRD 의무 공시를 면제해준 것은 EU의 탄소 감축 노력을 해칠 수 있다는 비판이 제기되고 있다. 어쨌든 '옴니버스 패키지'는 마리오 드라기 전 이탈리아 총리가 제안한 '유럽경쟁력의 미래' 보고서에서 언급된 EU의 경쟁력 약화에 대한 위기의식을 반영한 조치로 풀이된다. ESG에 대해 '고속'으로 달려온 EU가 ESG 규제가 경제에 부담이 되고 있는 점을 의식해 속도 조절에 나섰다는 평가다.

여기에서 주목해봐야 할 것은 '드라기 보고서'를 바탕으로 마련된 '경쟁력 나침반 Competitiveness Compass'이 여전히 ESG의 핵심 이슈인 탈탄소화를 주요 입법과제로 선정해놓고 있다는 점이다. 게다가 ESG 관련 각종 제도는 지속가능 성장을 목표로 한 유럽 그린딜의 맥락에서 추진되고 있다. 이를 종합해보면 '옴니버스 패키지'는 ESG의 후퇴로 비치는 측면이 있지만 그린딜의 실효적 추진을 위한 현실적 궤도조정으로 보는 게 더 설득력이 있을 듯하다. EU의 ESG 리더십에 기조적 변화는 없을 것 같다는 말이다.

다음으로 미국에 대해 살펴보자. 앞서 언급한 대로 미국에서는 반反ESG 조치가 잇따르고 있다. 트럼프는 백악관에 입성入城하자마자 파리기후협약에서 탈퇴했다. 또 기후변화에 관한 정부간 협의체IPCC의 보고서 작업에 미 정부 소속 과학자들이 더 이상 참여하지 말도록 했으며 민간기업의 기후 행동에 대해서는 담합 협의가 있다며 '협박'하고 있다.

트럼프는 행정명령을 앞세워 차별 해소를 지향하는 DEI(다양성, 형평성, 포용성) 정책에도 메스를 들이댔다. 연방정부 및 기관의 DEI 프로그램을 종료하도록 했고, 이들 기관이 계약업체 선정 시 요구해온 DEI 조항을 삭제했다. 또 미 법무부가 DEI 관행을 유지하는 기업을 식별해 상응한 조치를 취할 것을 지시했다. 미 정부가 이렇듯 서슬 퍼렇게 나오자 기업들의 'ESG 뒷걸음질'이 이어지고 있다. JP 모건, 시티그룹, 모건 스탠리 등 금융기관들이 '넷제로은행연합'에서 발을 뺐는가 하면 블랙록, 웰즈 파고, 타겟 등 적지 않은 기업들이 DEI를 축소하는 조치를 취했다.

미국에서는 이렇듯 연방정부 차원에서 반ESG 움직임이 '요란하게' 진행되고 있다. 하지만 주정부와 기업을 중심으로 ESG를 유지하고 방어하려는 입장 또한 굳건하다. 미국 경제의 60%를 차지하는 주州로 구성된 미국 기후동맹U.S. Climate Alliance은 "앞으로 기후 행동을 계속할 것"임을 천명했다. 민주당 소속 주지사가 이끌고 있는 캘리포니아주는 기후공시를 예정대로 시행하기로 했으며 뉴욕주는 화석연료 기업에 벌금을 물리기로 했다. 이뿐만이 아니다. 텍사스 연방법원은 퇴직 연금 운용 시 ESG를 고려하는 바이든 행정부의 방침이 유효하다고 판결했다. 또 3천 개 가까운 기업이 '우리는 여전히 참여하고 있다 We Are Still In' 캠페인을 통해 기후 행동에 대한 다짐이 여전함을 밝히고 있으며 애플, 코스코, 델타 등은 DEI 정책을 고수하고 있다.

실제로 반ESG는 소리만 떠들썩할 뿐 대세로 보기는 어렵다는 분석이다. 예컨대 2021년부터 2024년 사이에 40개 주에서 공화당 주의원들이 ESG투자에 반대하는 392개 법안을 제출했지만 통과된 법률은 44개에 불과하다. 또 기업의 주총에서 반ESG 주주제안의 통과율은 채 5%를 넘지 못하고 있다. 이렇게 보면 미국의 반ESG 흐름은 시장의 추세적 변화가 아니라 정권 교체라는 외적 요인에 따라 한시적으로 지속되는 현상으로 보는 게 맞을 듯하다. 공화당 정권 아래서는 '흐림', 그리고 민주당 정권 아래서는 '맑음'의 '엎치락뒤치락'이 반복될 것이라는 얘기다. 게다가 트럼프 행정부의 공세에도 불구하고 주정부와 다수의 기업들로 구성된 ESG 전열은 흐트러지지 않고 있다.

ESG의 진로와 관련해 중요하게 봐야 할 대목은 ESG를 실천하는 주인공인 기업과 투자자의 움직임이다. ESG는 제도와 실행의 두 축으로 이뤄지고 있다. 지금까지 살펴본 것처럼 제도에는 ESG에 부정적인 변화가 생겼다. 현장에서의 ESG 분위기는 어떨까?

제도와 무관하게 ESG가 기업과 투자기관에 더욱 내재화되면서 깊게 뿌리내려가고 있다. PwC의 조사 결과를 보면 대부분 CEO는 녹색투자가 매출을 늘리고 수익성을 개선하고 있다고 긍정적으로 평가하고 있다. 또 데이터마란Datamaran의 조사에서는 71.6%의 기업이 이사회에서 ESG 전략을 검토하고 있는 것으로 나타났다. 90%가 넘는 CFO들도 지속가능성을 투자 결정에 통합하고 있으며 앞으로 관련 투자를 크게 늘리겠다고 응답했다. ESG가 비즈니스 전략의 핵심 요소가 됐음을 보여주는 응답이다. 투자자들도 상황은 마찬가지. 워키바Workiva의 설문 조사에서 96%의 기관투자자들은 지속가능 및 재무 통합공시가 기업의 재무 성과를 개선하는 효과를 가져온다는 데 동의했으며, 인증된 통합공시를 하는 기업에 투자하겠다는 투자자가 97%에 달했다.

종합해보면 ESG는 '국면의 전환점'을 맞이하고 있다. 지금까지는 별다른 걸림돌 없는 길을 걸어왔다면 최근 들어서는 기득

권의 저항 또는 '항로 변경'의 요구에 직면해 있다. 어찌 보면 이는 자연스러운 과정이다. ESG 자체가 자본주의와 기업 경영을 혁신하는 것이어서 화석연료 기업의 반격이나 속도 조절론이 얼마든지 나올 수 있기 때문이다.

오염자본주의에서 환경자본주의로, 그리고 주주자본주의에서 이해관계자자본주의로 환골탈태換骨奪胎하는 일이 어떻게 일사천리로 진통 없이 실현될 수 있겠는가? ESG는 이제 '정반합正反合'의 과정에 들어서 있다. 환경을 보호하고 사람을 존중하는 투명한 자본주의로 가는 길은 되돌릴 수 없는 시대적 과제인 만큼 저항을 뚫고 보다 현실적인 모습을 갖추면서 진화해갈 것으로 믿는다.

이해관계자자본주의 선언,
그 후 5년

지난 2019년 8월 미국 재계 CEO들의 모임인 비즈니스라운드테이블BRT이 중요한 선언을 내놓았다. 이 모임에 참여한 181명의 CEO는 '기업의 목적에 대한 성명'을 통해 이해관계자를 중시하는 경영을 하겠다는 입장을 천명했다. 이 성명은 ▲ 고객에게 가치 전달 ▲ 근로자에 대한 투자 ▲ 공정하고 윤리적인 거래기업 대우 ▲ 지역사회 지원 ▲ 주주를 위한 장기적 가치 창출을 강조했다. 어찌 보면 교과서적인 내용으로 채워진 이 성명은 주주 우선주의의 깃발을 내리고 이해관계자자본주의를 선언하는 것으로 받아들여졌다. 늘 맨 앞에 세워오던 주주를 맨 뒤로 밀어낸 대신 고객, 근로자 등 이해관계자를 앞부분에 배치하는 기조적 변화가 뚜렷했기 때문이다.

BRT의 이 선언은 자본주의의 방향타方向舵를 바꾸는 것이어서 많은 주목을 받았다. 한국 재계에도 큰 영향을 미쳤다. 대한상공회의소는 BRT의 바톤을 이어받아 2022년 5월에 기업을 둘러싼 모든 이해관계자를 소중히 여기고 함께 발전할 수 있도록 하겠다는 내용의 '새로운 기업가 정신'을 선언했다.

BRT의 이해관계자자본주의 선언이 나온 지 5년여가 지났다. 그동안 어떤 실질적인 변화가 나타났을까? 이를 놓고 부정과 긍정의 시선이 엇갈리고 있다. 먼저 회의론자들은 선언 이후에도 기업 경영에서 별로 달라진 게 없다고 주장하고 있다. BRT 선언이 실천에 옮겨지기 위해서는 해당 기업의 이사회가 이를 승인했어야 하는데 이 절차가 진행된 곳이 별로 없는 상황이다. 게다가 많은 기업의 지배구조가 여전히 주주가치를 궁극적인 목표로 명문화해놓고 있다. 선언 참여 기업의 3분의 2가 CEO에 대한 장기 인센티브 지급을 주주 수익률에 연계하고 있는 것이 이를 잘 보여주는 사례이다. 일부 기업이 지속가능 업무를 담당하는 직원을 해고하고 지속가능경영에 반대하는 입장을 내놓는 등 역행하는 움직임도 가시화됐다.

하지만 반론도 만만치 않다. 주주자본주의가 건재한 가운데서도 이해관계자자본주의를 향한 발걸음이 조용하게 이어지고 있다는 주장이다. 린 페인 하버드 비즈니스 스쿨 교수는 이와 관련해 "BRT 선언이 실질적인 영향을 미쳤다"고 평가하며 "기업들이 종전보다 이해관계자에 대해 훨씬 많이 얘기하고 있으며 일부 기업들은 CEO 급여를 이해관계자 중시 경영의 성과에 연계하기 시작했다"고 진단했다.

중요한 점은 이해관계자의 이해가 주주와 상충되는 것이 아니라는데 있다. 이해관계자를 존중하는 경영이 결국 주주가치를 제고하는 선순환을 가져오고 있다는 것이다. 음료업체인 펩시코가 대표적 사례이다. 이 기업은 소비자의 건강을 위해 설탕과 소금 등을 줄인 제품을 출시하고 리더급 자리에 더 많은 여성을 중용하며 환경에 대한 부정적 영향을 축소하는 등 이해관계자를 중시하는 경영을 본격화했다. 결과는 아주 좋았다. 매출이 80% 증가하고 주가 상승률도 S&P500 지수를 상회했다.

이뿐만이 아니다. 식품기업인 마즈는 모든 사업 부문의 운영과 성과 측정 시 이해관계자에 초점을 맞추고 있다. 또 월마트는 제조업의 활성화를 위해 미국 내에서 제조, 조립되는 제품에 3천 500억 달러를 투자하기도 했다. 구글도 천 백만 명이 넘는 미국인들이 디지털 기술을 배울 수 있도록 지원했으며 시스코 네트워킹 아카데미는 사이버보안, 사물인터넷 등 영역에서 2백만 명이 넘는 학생들을 훈련시켰다.

이렇게 보면 이해관계자자본주의는 싹이 트는 '발아기'에 있다고 할 수 있다. 앞으로의 전망은 어떨까? 큰 틀에서 보면 BRT 선언에 잘 반영돼있듯이 이해관계자의 이해를 배려하는 기업 경영은 피할 수 없는 흐름이라고 볼 수 있다. 무엇보다 이해관계자들이 이 관점에서 기업을 평가하고 있고 존중받기를 원하고 있기 때문이다. 예컨대 소비자들은 제품 구매 시 기업이 ESG 경영을 잘하고 있는지를 기준으로 삼고 있다. 직원들도 자신들이 추구하는 공정 등 사회적 가치를 기업이 실행해주기를 바라고 있다. 이런 추세를 반영해 기업의 인식도 변화하고 있다. 회계법인인 EY가 기업 리더들을 대상으로 설문조사를 한 결과 대다수 응답자가 이해관계자를 외면하는 경영을 하면 리스크가 커질 것으로 보고 있는 것으로 나타났다.

다만 이해관계자자본주의가 제대로 자리 잡기 위해서는 보완돼야 할 점이 적지 않다. 먼저 주주자본주의처럼 이해관계자자본주의가 무엇인지 보다 명확한 정의가 내려져야 하고 이론적 기반도 강화돼야 한다는 지적이다. 또 주주자본주의가 기관투자가라는 견고한 지지층을 보유하고 있듯이 이해관계자자본주의도 폭넓은 공감대 형성이 필요하다.

우리나라의 경우 조금 다른 차원의 논의가 이뤄져야 한다. 주주자본주의도 제대로 운영되고 있지 않다는 지적이 적지 않은 게 현실이다. 지배주주 중심의 기업 경영이 소수 주주의 권익 침해로 이어지고 있기 때문이다. 중요한 점은 ESG와 이해관계자 중심 경영이 새로운 시대적 흐름으로 떠오르고 있다는 데 있다. 주주자본주의는 주주자본주의대로 고쳐나가면서 이해관계자를 존중하는 경영을 내재화해야 하는 과제가 동시에 주어져 있다고 할 수 있다.

앞에서 얘기했듯이 이해관계자 중시 경영은 주주자본주의와 배치되는 게 아니다. 궁극적으로 주주가치를 더 높이는 긍정적 결과를 가져온다. 주주만이 아니라 모든 이해관계자의 이익을 반영하는 경영의 혁신이 보다 지속가능한 미래를 가져올 것이라는 중장기적 비전 아래 이를 담대하게 실천해가는 기업인의 리더십과 실행이 긴요한 때이다.

'느릿느릿' 탄소 감축,
빛바랜 파리기후협약

글로벌 음료기업인 코카콜라는 지난 2019년에 가치사슬을 포함한 전체 탄소 배출량을 2030년까지 25%(2015년 대비) 줄이기로 확정했었다. ESG 미디어인 트렐리스 보도를 보면 코카콜라는 최근에 이 목표를 고쳐 탄소 감축 시한을 2035년으로 늦췄다. 또 일부 자회사의 배출량을 목표치에서 제외하기로 했다. MSCI는 이를 감안할 경우 코카콜라의 탄소 감축 수준은 지구 기온을 산업화 이전 대비 2.3℃ 상승시키는 궤도에 있다고 진단했다. 파리기후협약에서 정한 억제선인 1.5℃를 웃돌고 있는 것이다.

코카콜라의 사례는 기업을 포함해 각 부분에서 진행되고 있는 탄소 감축 활동이 1.5℃ 억제 목표를 지키는 범위에서 벗어나

있음을 보여주고 있다. 현재 각국의 미진한 국가온실가스 감축 목표NDC를 고려하면 파리기후협약 달성은 불가능할 것으로 보인다. 이런 식이면 지구 기온이 최대 3.1℃까지 오를 수 있다는 전망이 나오고 있다. 특히 20개 주요 국가G20는 NDC조차 지키지 못해 2030년까지 배출량이 NDC를 1기가톤이나 초과할 것이라고 유엔환경계획UNEP은 전망하고 있다. 그나마 NDC 목표치라도 달성하기 위해서는 더 강력한 추가 조치가 필요하다는 얘기다. UNEP는 지구기온 상승폭을 1.5℃ 이내로 묶어두려면 전 세계적으로 2030년까지 42%의 탄소 배출 감축이 필요한 것으로 분석하고 있다.

이처럼 발등의 불로 떨어진 탄소 배출 감축을 위해서는 기업은 물론 가계, 정부 등 경제 주체들의 적극적인 노력이 중요하지만 역시 기업의 책임이 제일 크다. 절반 이상의 탄소가 기업에서 나오고 있기 때문이다. 문제는 코카콜라의 사례에서 보듯이 기업의 탄소 감축이 1.5℃ 목표를 지키는 데 크게 미흡하다는 데 있다. 액센츄어의 분석을 보면 매출 기준으로 글로벌 2,000대 기업 중 전체 온실가스 배출의 넷제로(온실가스 순배출량이 '0'이 되는 상태) 목표를 정한 비율은 37%에 그치고 있다. 특히 자체 생산 활동과 에너지 사용에서 배출되는 온실가스인 스코프 1과 스코프 2의 넷제로를 달성하겠다고 밝힌 기업은 불과 16%이다. 45%의 기업은 오히려 배출이 늘어나고 있다. 더구나 2030년 이후의 장기적인 감축 계획을 제시한 기업은 절반 정도이다.

기업의 재생에너지 사용도 말만 요란할 뿐 실적은 초라하다. 탄소정보공개정보프로젝트CDP는 936개 조사 대상 기업 중 10%만이 필요한 에너지의 100%를 재생에너지로 사용하겠다는 RE100을 선언했으며, 50%의 기업이 재생에너지를 전혀 사용하지 않고 있다고 밝혔다.

이와 관련해 MSCI는 '넷제로 트래커'라는 보고서에서 전체 온실가스 배출의 5분의 1을 차지하고 있는 16개국 상장사들의 탄소 감축 활동이 지구 기온을 2.8℃나 올리는 수준에 머물고 있다고 분석했다. 파리기후협약에서 정한 대로 1.5℃ 목표를 지키고 있는 기업은 11%에 불과하다. 심지어 24% 기업은 지구 기온을 3.2℃ 끌어올리는 궤도에 진입해있을 정도이다.

상황은 선진국일수록 더 좋지 않다. 예컨대 중국과 인도는 배출 감축에 진전을 보이고 있으나 미국은 거꾸로 배출 감소 폭이 2016년~2020년의 3.7%에서 2023년~2030년에는 1.8%로 줄어들 것으로 보인다. 더 심각한 이슈는 1.5℃를 지키기 위한 탄소 예산이 2026년 11월이면 바닥날 것으로 예상된다는 점이다. 다시 말해, 그 시기를 넘어서서 배출되는 탄소는 지구 기온을 1.5℃ 이상으로 올리는 주범 역할을 할 것이라는 의미이다.

우리나라 상황은 어떨까? 우리나라는 온실가스 배출 총량이 경제협력개발기구OECD 회원국 중 상위 6위인 만큼 상황이 지금까지 얘기한 글로벌 추세와 그다지 다르지 않을 것이다. 특히 탄소중립 목표를 수립한 기업이 920개 상장사 중 13.7%인 126개(2023년 7월 기준)에 그치고 있으며, 지속가능경영보고서를 제출한 기업 중 절반 가까이가 가치사슬 전반의 탄소 배출인 스코프 3를 공시하고 있지 않다.

재생에너지 생산 및 사용도 다른 나라보다 부진하다. 실제로 42.7%의 기업이 탄소중립이 어렵다고 응답한 것으로 대한상공회의소의 조사 결과 나타났다. 74.2%의 기업은 탄소중립이 경쟁력 약화를 가져오거나 업종의 존속에 위기로 작용하고 있다고 말했다. 이는 다량의 탄소를 배출하는 제조업 비중이 높은 우리나라의 산업구조를 반영하는 현상이라고 할 수 있다.

하지만 탄소중립은 '지구 공동체'의 생존을 담보하기 위한 중차대한 과제이다. 지구 기온의 상승을 방치할 경우 재난 및 멸종 동식물 증가 등으로 인류 생존에 경고등이 켜질 것이다. 또 그만큼 경제와 기업 경영의 리스크도 커질 것으로 우려된다. 이를 감안하면 중장기적으로 탄소 감축에 대한 국제적 압박의 강도는 더욱 높아질 것으로 예상된다.

개별 업종의 생존을 위해 고탄소 산업구조를 용인하기보다는 인류 생존을 위한 저탄소 구조로의 전환이 가속화할 것이란 말이다. 희망적인 소식도 있다. 탄소 감축은 기업에 부담만 주는 게 아니라 긍정적 영향을 미치기도 한다. BCG는 기업들은 탈탄소화를 통해 7% 이상의 재무적 이익을 얻을 수 있다고 분석했다. 효율성 개선, 폐기물 감소, 생산 합리화 등이 이런 효과를 가져오는 경로이다.

현재 세계 각국은 당초 목표대로 탄소 배출을 줄여 기후 위기를 완화해 나갈 수 있을지를 가름하는 중요한 선택의 기로에 서 있다. 전 지구적 위기를 해소해가면서 위기를 기회로 전환시키는 정부와 기업의 적극적 대응이 어느 때보다 절실한 시점이다.

ESG 경영,
리더십이 핵심이다!

한 제조 기업에서 있었던 일이다. ESG 실무 담당 임원이 회사의 ESG 경영 수준을 높이기 위한 다양한 방안과 예산 계획을 CEO에게 보고했다. 이 자리에서 CEO는 ESG 등급을 올리는 데 집중하라며 다른 일에는 그다지 관심을 보이지 않았다. 있을 수 있는 일 같지만 사실 이 CEO의 지시는 ESG 경영에서 힘을 빼는 것과 다름없었다. ESG로 회사의 체질을 본질적으로 바꾸기보다는 그저 눈에 보이는 성과만을 중시하는 입장을 보였기 때문이다.

ESG는 이제 누구에게나 익숙한 경영 트렌드가 됐다. 그런데 우리는 ESG 경영의 핵심을 진정으로 이해하고 있을까? ESG는 한 마디로 환경 보호, 이해관계자 존중, 윤리적인 투명 경영 등의 가치를 경영 전반에 착근하라는 요구이다. 그런 만큼 경영의 '잔재주'보다는 ESG를 통해 경영 혁신을 이뤄냄으로써 기업가치를 제고하는 것을 지향하고 있다.

이 글에서는 ESG 경영을 모범적으로 실현해낸 기업들을 소개해보려 한다. 먼저 덴마크 에너지 기업인 오스테드. 이 기업은 사업 모델 자체를 친환경 비즈니스로 환골탈태換骨奪胎시킨 대변화를 이뤄냈다. 당초 오스테드는 화석연료 발전 비중이 85%에 달했다. 하지만 2008년에 이 회사 경영진은 기후변화 등의 추세에 비춰볼 때 탄소 배출을 많이 하는 기존 사업은 지속가능하지 않다고 보고 재생에너지로의 전환을 결심했다. 30년에 걸쳐 사업구조를 화석연료 발전 비중 85%에서 연안 풍력발전 85%로 탈바꿈시키자는 청사진을 제시했다. 잘 나가던 사업을 사실상 접고 성공 여부가 불투명한 새 사업에 뛰어드는 승부수였다.

과정은 순조롭지 않았다. 처음에는 직원들이 반발했고 외부의 시선도 회의적이었다. 2012년에는 천연가스 가격 폭락으로 수지가 적자를 기록하면서 경영 위기에 빠져들었다. 또 연안풍력 발전 단가가 상업성을 담보할 정도의 수준으로 떨어지지 않아 풍력발전 기업으로의 변신이 가능할지 불투명해졌다. 문제의 실마리를 풀어간 것은 경영진의 흔들리지 않은 소신이었다. 가는 길이 옳다고 확신하고 석탄 발전소 폐쇄 등 조치를 계속해나가면서 풍력발전에 대한 투자를 중단없이 늘려나갔다. 지성至誠이면 감천感天. 결과는 대성공이었다.

오스테드는 계획을 20년 앞당겨 불과 10년 만에 원래 세웠던 목표를 달성했다. 연안 풍력발전 세계 1위 기업으로 부상했다. 오스테드는 이같은 상전벽해桑田碧海의 변화를 이뤄낸 힘은 경영진의 리더십이이었다고 회고한다. "중요한 사실은 기술적 또는 재무적 도전으로 보이는 문제들이 사실은 리더십 이슈라는 점이다. 우리는 지속가능한 비즈니스 모델로의 혁신을 이루기 위해 리더십을 중시했다"

핀란드 에너지 기업인 네스테도 오스테드와 비슷한 변화를 일궈내 주목을 받고 있다. 1948년 국영정유기업으로 설립된 네스테는 60년 동안 줄곧 원유사업에만 전념했다. 그러나 EU에서 탄소배출 규제법안이 입법화되는 등 사업 환경이 크게 달라지자 원유만으론 미래가 없다는 판단을 하게 됐다. 활로는 탄소배출을 크게 줄일 수 있는 재생에너지였다. 당시 CEO 매티 리보넨은 '담대한 혁신'을 위한 7개년 계획을 수립하고 추진하기 시작했다. 그러나 역풍에 직면했다. 직원과 소비자, 투자자들이 반대하고 한 미디어는 "무리한 일을 벌이는 CEO를 해임해야 한다"는 주장을 펼치기도 했다. 리보넨은 요지부동했다. 과감한 의사결정과 필요한 투자를 지속해나갔다. 마침내 네스테는 바이오 디젤 등 재생연료의 세계 최대기업으로 새로운 깃발을 올렸다. 네스테의 성공 또한 경영진의 우직한 리더십이 있었기에 가능한 것이었다.

ESG는 단기에 수익을 쥐어짜기보다는 멀리 내다보고 가는 경영을 추구한다. 영국의 생활용품 기업인 유니레버는 이런 점에서 모범적인 모습을 보여주었다. 주인공은 CEO 폴 폴먼. 그는 2009년에 시장을 놀라게 하는 조치를 내놓았다. 단기 경영에서 벗어나기 위해 분기 실적 발표를 중단하겠다고 발표했다. 이 결정을 계기로 일부 투자자들이 주식 매각에 나서면서 주가가 떨어지는 등 다소의 혼란이 있었지만 결과는 성공적이었다. 장기 경영을 중시하는 건전한 주주들이 들어오면서 주가가 안정됐다.

폴먼은 이와 관련해 "기업은 인기 경쟁을 하는 것이 아니라 비즈니스를 위해 옳은 일을 하는 것"이라고 강조했다. 폴먼은 더 나아가 아예 10년짜리 장기 경영계획을 추진했다. 이른바 '유니레버 지속가능 생활 플랜USLP'으로 10억 명 이상의 건강 및 위생 개선, 환경에 대한 영향 절반 감축, 수백만 명의 삶 향상을 목표로 삼았다. USLP는 목표를 초과 달성했고 그 결과 유니레버의 재무적 성과도 크게 개선됐다. 폴먼이 재임한 10년 동안 유니레버 주가는 150%나 올랐다. 유니레버는 최근 CEO가 바뀌면서 ESG 경영이 일부 후퇴하고 있다는 지적을 받고 있긴 하다. 하지만 한 번 뿌리 내린 ESG 경영의 체질은 그대로 유지될 것으로 보인다.

지금까지 소개한 세 개 기업의 사례는 ESG 경영이 혁신의 과정이며 경영진의 리더십이 성패를 좌우하는 핵심 요인임을 잘 보여주고 있다. 이들이 보인 ESG 리더십에는 몇 가지 특징이 있다. 첫째 단기 이익보다는 회사의 중장기적 성장을 추구하는 비전이 변화의 추진력으로 작용했다. 둘째 이들 기업은 환경 등 외부에 미치는 영향을 고려하며 ESG와 재무적 성공을 조화시키는 데 역점을 뒀다. 셋째, 이해관계자와 활발하게 소통함으로써 변혁의 방향성에 대해 단단한 공감대를 형성했다.

유니레버의 CEO였던 폴 폴먼은 하버드비즈니스 리뷰와의 인터뷰에서 두 가지 중요한 질문을 했다. "기업은 세상의 문제들을 어떻게 해결해 이익을 낼 수 있을 것인가?" "기업이 있어서 세계가 더 나아질 수 있는 것인가?" ESG 경영을 내건 기업의 리더들이 더 나은 세상과 기업을 만드는 일에 앞장서기 위해 스스로 던져볼 질문들이다.

에필로그

한국판 '픽사'는 가능할까?

미국 캘리포니아주 에머리빌에 있는 세계 유수의 애니메이션 기업 '픽사Pixar'를 방문한 적이 있다. '토이 스토리', '몬스터 주식회사' 등 내놓는 작품마다 흥행 돌풍을 일으킨 기업. 견학하고 난 후 세계 최고의 창의적 기업의 힘이 어디에서 나오는지를 체감할 수 있었다. 픽사의 문화는 자유분방함 그 자체. 사무실은 일터라기보다는 집에 가까웠다. 개인 소파를 가져다 놓은 직원도 있었고, 화려한 인테리어로 카페처럼 꾸며진 사무실도 있었다. 상당히 넓은 건물이어서 널찍한 복도에선 자전거나 인라인스케이트, 보드를 타고 이동하는 직원들도 눈에 띄었다. 스티브 잡스 하면 '애플'을 떠올리지만, 그가 픽사에서 거둔 성공은 기록적이다. 잡스는 픽사를 1986년에 500만 달러에 사들여 20년 후인 2006년에 무려 1,500배인 74억 달러에 디즈니에 매각했다. 잡스는 픽사에 대해 "새 스튜디오(픽사)가 기업의 '본사'가 아니라 직원들의 '집'이 되기를 바랐다"라고 회고했다. 대성공작 '인크레더블'의 브래드 버드 감독은 "모든 성공은 픽사의 경영진이 우리가 하는 '정신 나간 짓'을 내버려뒀기에 가능했다"라고 평가한다.

잡스가 세상을 떠난 지 14년이 지났다. 잡스는 무엇을 우리에게 남겼는가? 되짚어 보자. 독선적 경영이나 특허를 무기로 내세운 공격성으로 상징되는 폐쇄적 태도는 분명 잡스의 오점이다. 하지만 부인할 수 없는 점은 그가 '세상에 있던 것을 개선한 것'이 아닌, '없던 것을 만들어 낸' 뛰어난 기업가였다는 점. 콘텐츠 생태계를 탄생시키고 상생의 수익 분배 구조를 가동시킨 비즈니스 감각도 빼놓을 수 없는 성과이다. 잡스가 아이폰과 콘텐츠 생태계를 내놓았을 때 우리는 바짝 긴장했다. '다른 생각 Think different' (애플의 슬로건)에서 나온 혁신의 강풍에 속수무책이었다. 애플과 삼성 간 공방전의 1라운드는 '세상에 없던 제품'의 출현에 당혹해하며 시장을 내주던 '수세의 기간'이었다. 2라운드는 삼성이 안드로이드 동맹군에게 합류해 반격에 어느 정도 성공한 '공세의 시기'이다.

지금까지의 경쟁 레이스에서 우리가 알게 된 점은 콘텐츠 생태계에 높은 진입 장벽이 있는 데다 독자적 생태계가 부족한 것은 두고두고 불안 요인이긴 하지만, 제휴를 통해 이를 우회하는 게 가능했다는 사실이다. 수직적, 수평적 통합을 통해 구축한 삼성의 제조업적 기반이 애플의 취약한 부분을 공격하는 경쟁력의 텃밭이 될 수 있다는 점도 부각됐다. 양사는 이제 창의력, 특허, 제조 능력이 한 데 혼합된, 전면 경쟁을 벌이고 있다. 이 시점에서 생각해 볼 중요한 점은 스마트폰 공방의 전세戰勢와 관계없이 우리가 앞으로 계속 이어질 ICT 혁신의 '저수지'를 구축하고 있느냐 하는 것. 잡스는 갔지만 제2, 제3의 잡스는 언제든 나올 수 있다. 잡스라는 인물의 탄생은 학업과 줄 세우기를 중시하는 주류 문화에서 나온 것이 아니다. 학교를 중퇴하고, 히피문화에 빠진 '이단아'가 공부가 아닌 '인문적 삶'을 통해 기존 질서를 뒤엎은 사건이다.

픽사처럼 '정신 나간 짓'을 하는 사람들이 성공할 수 있는 문화적 다양성과 포용력의 씨앗이 뿌려지지 않으면 우린 또 언제든 새로운 천재의 출현에 허둥지둥 댈 수 있다. 속도와 효율이 강조되던 '실행 위주의 동사動詞 사회'에서 창의력과 감성이 강조되는 '느낌의 형용사形容詞 시대'에 대응하기 위해 사고의 대전환이 필요하다. 이게 세상을 떠난 잡스가 살아있는 우리에게 말해주고 있는 것이다.

참고 문헌

〈단행본〉

CCTV 다큐 제작팀, 허유영 옮김(2014), '기업의 시대', 다산북스
KEI 한국환경연구원(2021), '대한민국 탄소중립 2050', 크레파스북
NEAR 재단 편저(2023), '한국의 새 길을 찾다', 청림출판
강경식(2013), '국가가 해야 할 일 하지 말아야 할', 김영사
개리 피사노·윌리 시, 고영훈 번역(2019), '왜 제조업 르네상스인가', 지식노마드
권석준(2022), '반도체 삼국지', 뿌리와이파리
그레이엄 앨리슨, 정혜윤 번역(2018), '예정된 전쟁', 세종서적
김낙회·변양호·이석준·임종룡·최상목(2021), '경제정책 어젠다 2022', 21세기북스
김대기(2013), '덫에 걸린 한국경제', 김영사
김세직(2021), '모방과 창조', 브라이트
김준영(2023), '선진국 경제의 품격', 21세기북스
김진표(2024), '대한민국은 무엇을 축적해왔는가', SIDEWAYS
김태유·김연배(2022), '한국의 시간', 쌤앤파커스
나심 니콜라스 탈레브, 차익종 옮김(2007), '블랙 스완', 동녘사이언스
노구차 유키오, 박세미 옮김(2022), '일본이 선진국에서 탈락하는 날', 랩콘 스튜디오
도널드 트럼프, 김태훈 옮김(2016), '불구가 된 미국', 이레미디어
레이 달리오, 송이루·조용빈 옮김(2022), '변화하는 세계질서', 한빛비즈
로버트 스키델스키, 장진영 옮김(2021), '더 나은 삶을 위한 경제학', 안타레스
류덕현·이근 외(2023), '2024 한국경제 대전망', 21세기북스
리베카 핸더슨, 임상훈 옮김(2021), '자본주의 대전환', 어크로스

리처드 리브스, 김승진 옮김(2019), '20 VS 80의 사회', 민음사

리콴유, 류지호 옮김(2001), '내가 걸어온 일류국가의 길', 문학사상사

린 스타우드, 우희진 옮김(2021), '주주 자본주의의 배신', 복돋움COOP

린훙원, 허유영 옮김(2024), 'tsmc 세계 1위의 비밀', 생각의힘

마리아나 마추카토, 안진환 옮김(2020), '가치의 모든 것', 민음사

마리아니 마추카토, 김광래 감역(2015), '기업가형 국가', 매경출판

마사 누스바움, 임현경 번역(2020), '타인에 대한 연민', 알에이치 코리아

마이클 L 더터아조스, 신영수 번역(1990), '메이드 인 아메리카', 시사영어사

마이클 베클리·할 브랜즈, 김종수 번역(2023), '중국은 어떻게 실패하는가', 부키

마이클 샌델, 함규진 옮김(2020), '공정하다는 착각', 와이즈베리

마틴 울프, 고한석 옮김(2024), '민주주의적 자본주의의 위기', page2

미셸 부커, 이주만 옮김(2018), '회색 코뿔소가 온다', 비즈니스북스

밀턴 프리드먼, 심준보·변동열 옮김(2007), '자본주의와 자유', 청어람미디어

밀턴 프리드먼, 민병균·서재명·한홍순 번역(2020), '선택할 자유', 자유기업원

박상인(2022), '지속 불가능 대한민국', 21세기북스

밥 우드워드·칼 번스타인, 양상모 번역(2014), '워터게이트', 오래된생각

변양균(2017), '경제철학의 전환', 바다출판사

브랑코 밀라노비치, 정승욱 옮김(2020), '홀로 선 자본주의', 세종

브래드 글로서먼, 김성훈 옮김(2020), '마지막 정점을 찍은 일본, 피크 재팬', 김영사

삼성인력개발원(1984), '삼성 이해'

서울대학교 한국경제혁신센터·경제연구소·경제학부 엮음(2021), '혁신의 시작', 매일경제신문사

손진석·홍준기(2024), '부자 미국 가난한 유럽', plan b

스티븐 레비츠키·대니얼 지블랫, 박세연 번역(2024), '어떻게 민주주의는 무너지는가', 어크로스

아나톨 칼레츠키, 위선주 옮김(2011), '자본주의 4.0', 컬처앤스토리

아비지트 배너지·에스테르 뒤플로, 김승진 옮김(2021), '힘든 시대를 위한 좋은 경제학', 생각의힘

애덤 스미스, 김수행 역(2021), '국부론', 비봉출판사

애덤 스미스, 박세일·민경국 공역(2018), '도덕감정론', 비봉출판사

앨런 그린스펀·에이드리언 올드리지, 김태훈 번역(2020), '미국 자본주의의 역사', 세종서적

에드워드 체, 방영호 번역(2018), '중국은 어떻게 세계를 흔들고 있는가', 알키

요시미 슌야, 서의동 옮김(2023), '헤이세이(平成) 일본의 잃어버린 30년', AK

유경준·이상협·이종훈·이철수(2020), '노동의 미래', 현암사

유발 하라리 등, 정현옥·오노 가즈모트 번역(2019), '초예측', 웅진지식하우스

유벌 레빈, 조미현 옮김(2016), '에드먼드 버크와 토마스 페인의 위대한 논쟁', 에코

윤희숙(2025), '콜드 케이스', 천년의상상

이성현(2019), '미중전쟁의 승자, 누구 세계를 지배할 것인가', 책들의정원

이정동 등(2023), '그랜드 퀘스트 2024', 포르체

이종화(2023), '한국 경제의 성장, 위기, 미래', 고려대학교 출판문화원

이철승(2019), '불평등의 세대', 문학과지성사

임형규·양향자(2022), '히든 히어로스', 디케

재레드 다이아몬드, 강주헌 번역(2019), '대변동:위기, 선택, 변화', 김영사

전주성(2024), '개혁의 정석', 매일경제신문사

정덕구 외(2021), '극중지계', 김영사

조너선 테퍼먼, 이경식 번역(2018), '픽스', 세종연구원

조지프 S. 나이, 이기동 옮김(2018), '미국의 세기는 끝났는가', 프리뷰

조지프 스티글리츠·아마르티아 센·장 폴 피투시, 박형준 옮김(2011), 'GDP는 틀렸다', 동녘

조지프 스티글리츠, 이순희 옮김(2014), '불평등의 대가', 열린책들

조지프 스티글리츠, 박세연 옮김(2021), '불만시대의 자본주의', 열린책들

차병직·윤재왕·윤지영(2022), '지금 다시, 헌법', 노르웨이숲
최남수(2020), '양손잡이 경제', 도서출판 새빛
   (2020), '한국 경제 딱 한 번의 기회가 있다', 도서출판 새빛
   (2024), '이해관계자 자본주의', 도서출판 새빛
최종찬(2024), '국가시스템 개혁', 나무한그루
최창집 등(2017), '양손잡이 민주주의', 후마니타스
폴 콜리어, 김홍식 번역(2021), '자본주의의 미래', 까치
크리스 밀러, 노정태 번역(2023), '칩워, 누가 반도체 전쟁의 최후 승자가 될 것인가', 부키
클라우스 슈밥·티에리 말르레(2021), '클라우스 슈밥의 위대한 리셋', 메가스터디북스
클라우스 슈밥·피터 반햄, 김미정 옮김(2022), '자본주의 대예측', 메가스터디BOOKS
피터 나바로·그렉 오트리, 서정아 옮김(2018), '중국이 세상을 지배하는 그날', 지식갤러리
폴 콜리어, 김홍식 옮김(2020), '자본주의의 미래', 까치
폴 폴먼·앤드루 윈스턴, 이경식 옮김(2023), '넷 포지티브', 현대지성
한국공학한림원(2021), '담대한 전환', 잇플
한국은행(2010), '알기 쉬운 경제이야기'
   (2010), '알기 쉬운 경제지표 해설'

〈보고서 등〉

Edelman Trust Institute(2025), '2025 Edelman Trust Barometer'
Financial Times(2024.4), 'Is South Korea's economic miracle over?'
FOREIGN AFFAIRS(2023.12.6), 'The American Way of Economic War'
   (2025.3), 'Productivity Is Everything'

Time(2008), 'The Comeback Keynes'

KIEP(2019.12), '자산가격 변화가 경제적 불평등과 대외경제 변수에 미치는 영향 분석'

JOSEPH S. NYE(2023.1.3), 'Peak China?', Project Syndicate

PIIE(2025.2.3), 'Trump's tariffs on Canada, Mexico, and China would cost the typical US household over $1,200 a year'

PIIE(2025.3.24), 'Modeling a US-EU trade war: Tariffs won't improve US global trade balance'

STEPHEN S. ROACH(2025.2.28.), 'Trump's Self-Fulfilling Crisis', Project Syndicate

(2023.7.26), 'US-China Decoupling by the Number', Project Syndicate

The Economist(2023.5.11), 'Is China power about to peak?'

국제금융센터(2023.9.14), '피크 차이나(Peak China)론의 배경 및 시사점'

(2025.3.27), '미국 자동차 관세 주요내용 및 해외시각'

'미국의 재정적자와 관세 등 트럼프 정책의 함의'

(2025.3.28), '미국 재무장관 스콧 베센트의 미국 경제 구상'

(2025.4.3), '미국 보편·상호관세 부과의 글로벌 성장률 영향'

국회미래연구원(2023.1), '2050년 대한민국 미래전망과 대응 전략'

(2023.7), '한국의 경제적 불평등도와 정책 논점'

국회의장직속 국가중장기아젠터위원회(2021.12), '미래비전 2037: 성장사회에서 성숙사회로 전환'

기획재정부(2025.6.17.), '25년 국제경영개발대학원(IMD) 국가경쟁력 평가 결과, 한국은 69개국 중 27위 기록'

김정훈·김기호(2018), '사회자본의 경제안정화 효과 – 사회신뢰를 중심으로', 경기연구원

대외경제정책연구원(2020), '자산가격 변화가 경제적 불평등고 대외경제 변수에 미치는 영향 분석'

동아일보(2025.3.23), '지난해 상위 1% '부동산 부자' 기준 30억…5년새
　　　5억 넘게 급증'
법무법인 세종(2025.4), '"미국 해방의 날"과 미국發 관세 쓰나미:
　　　트럼프의 상호관세 및 우리 기업의 대응 전략'
산업통상자원부(2023.4.19), '국내 대표 경제학자 및 국책연구기관과 잠재성장률
　　　제고 방안 논의'
연합뉴스(2021.8.19), '전경련 "한국 갈등지수, OECD 30개국 중 세 번째로 높아"'
율촌(2025.4), '트럼프 대통령, 10% 기준관세와 50여 개국에 대한 상호관세 부과 발표'
전국경제인연합회(2023.2.2), '총요소생산성 현황과 경쟁력 비교'
통계청 통계개발원(2024), '한국의 SDG 이행보고서 2024'
통계청(2024.12), '2024년 가계금융복지조사 결과'
　　　(2025.3), '2024 한국의 사회지표'
표학길·전현배·이근희(2017.4), '생산성혁신을 통한 한국경제의 재도약', 한국경제포럼
　　　제10권 제1호 1-49
한겨레(20205.2.25), '한은 총재 "1%대 성장? 그게 신산업·구조조정 없는 우리 실력"'
한국과학기술기획평가원(2023), '2022 기술수준 평가'
한국은행(2023.7.21), '최근 우리 수출의 특징 및 시사점'
　　　(2023.12.27), '한국경제 80년(1970-2050) 및 미래 성장전략'
　　　(2024.2.1), '미국과 유럽의 성장세 차별화 배경 및 시사점'
　　　(2024.8.27), '입시경쟁 과열로 인한 사회문제와 대응방안'
한국은행 동경사무소(2024.12), '2025년 일본경제 전망 및 주요 이슈'
현대경제연구원(2018.2), '일본, 왜 지금 생산성 논란인가?'